PETITS GESTES
ET GRANDES JOIES

DU MÊME AUTEUR

LES CLÉS DU BONHEUR, Libre Expression, 1983.
DIALOGUE AVEC L'ÂME SŒUR, Libre Expression, 1990.
POURQUOI PAS LE BONHEUR ?, Libre Expression, 1996.

MICHÈLE MORGAN

Petits gestes et grandes joies

L'aide-mémoire des gens heureux

Libre Expression

Données de catalogage avant publication (Canada)

Morgan, Michèle

Petits gestes et grandes joies

ISBN 2-89111-764-6

1. Bonheur.   2. Joie.   3. Réalisation de soi.   I. Titre.

BF575.H27M67 1997   158   C97-941299-4

Maquette de la couverture
FRANCE LAFOND
Infographie et mise en pages
SYLVAIN BOUCHER
Révision linguistique
LOUISE CHABALIER

© Éditions Libre Expression
2016, rue Saint-Hubert
Montréal (Québec) H2L 3Z5

Dépôt légal :
4ᵉ trimestre 1997

ISBN 2-89111-764-6

À Carole et André, mes éditeurs,
avec toute ma reconnaissance.

Table des matières

Mot de l'auteur

Les cathédrales sont belles
Et hautes sous le ciel bleu;
Mais le nid des hirondelles
Est l'Édifice de Dieu

VICTOR HUGO,
Les Contemplations.

V ous avez souvent entendu dire que le bonheur est «une foule de petites choses». Vous vous êtes peut-être déjà demandé quelles sont, pour les autres, toutes ces petites choses qui font le bonheur.

Ces choses sont, en fait, toutes simples. Des gestes anodins et même routiniers, des attitudes adoptées volontairement, des expériences provoquées et renouvelées sont autant de faits et gestes qui font la différence entre une personne heureuse et une autre qui ne l'est pas. Ces faits et gestes, on les fait d'abord pour soi, car l'amour de soi est le premier pas vers l'apprentissage du bonheur. Mais on les fait aussi pour les autres, car provoquer du bonheur autour de soi est également une excellente façon de devenir une personne heureuse.

Lorsque je donne des conférences sur le bonheur et la programmation du subconscient, j'ai l'habitude de révéler à mes invités que le bonheur est en effet une foule de petites choses, mais que le malheur est aussi, à mon avis, une foule de petits irritants dont on voudrait bien se débarrasser pour être enfin heureux. C'est d'abord en apprenant à supprimer tous ces irritants, par la programmation du subconscient, que j'ai fait mes premiers pas à l'École du bonheur. Évidemment, je n'oserais prétendre vivre maintenant sans jamais avoir d'épreuves à traverser, car certaines épreuves sont nécessaires à l'évolution, mais je peux vous assurer que j'ai pu éliminer définitivement de ma vie certaines difficultés qui m'apparaissaient, au début de la vingtaine, comme insurmontables. L'une d'elles, et non la moindre, était ma difficulté à maintenir un poids stable, en demeurant mince et en ne suivant aucun régime. Pour moi, ce problème est complètement résolu depuis presque vingt ans et tous les jours je remercie la vie d'avoir mis sur ma route cette connaissance de la programmation qui m'a permis d'améliorer ma qualité de vie par des moyens que je n'avais même pas soupçonnés.

La programmation du subconscient et la pratique régulière de la pensée positive m'ont ainsi conduite, par petits pas, à faire l'apprentissage du bonheur. Et ce bonheur tant convoité, j'ai finalement compris qu'il ne se trouve pas nécessairement dans de grands coups d'éclat, comme celui de publier un livre, même si cet événement m'est toujours très agréable, mais autant et même plus encore dans tous ces gestes qu'il m'arrive de faire quotidiennement, ou occasionnellement au cours de mon existence.

Ce livre est un aide-mémoire de petits gestes ordinaires qui apportent cependant de grandes joies dans leur belle simplicité. Cet aide-mémoire n'est évidemment pas exhaustif ni dogmatique. Basé sur mon vécu ainsi que sur les propos de gens qui m'entourent, il vous suggère quelques exemples de petites choses à faire pour vous mettre sur la piste du bonheur. Vous y trouverez bien sûr une foule de gestes que vous faites déjà, mais vous y découvrirez certainement aussi quelques idées nouvelles pour améliorer votre qualité de vie et faire de vous une personne encore plus heureuse.

Certains de ces gestes ne visent que le simple plaisir, d'autres contribuent à améliorer la communication avec notre entourage et certains visent à favoriser une meilleure santé physique et mentale. Par ailleurs, tous ces gestes ont déjà démontré leur efficacité : si vous vous faites plaisir régulièrement, si vous jouissez d'une bonne santé et si vous cultivez de bons rapports avec ceux et celles qui vous entourent, vous vous donnez la meilleure des chances de devenir une personne heureuse et épanouie.

En écrivant ce livre, j'ai moi-même redécouvert certains aspects de la vie que l'on oublie parfois mais qui sont pourtant tellement agréables. Je remercie donc toutes ces personnes qui m'ont si souvent demandé de leur fournir de petits trucs pour les aider à devenir plus positives et plus actives.

Je remercie également Victor Hugo, à qui j'ai adressé des prières pour qu'il m'inspire dans la rédaction de ce livre, tout comme je l'avais fait pendant la rédaction de mon premier livre, en 1979.

Enfin, je tiens à remercier chaleureusement mon frère Louis, à qui je veux rendre hommage pour sa grande

sagesse et sa connaissance incomparable de la psychologie et du développement de l'être humain. Grâce à
lui, j'ai réussi à prendre contact avec l'enfant en moi,
à me débarrasser de la dépendance affective et à jouir
pleinement de tous les plaisirs de la vie, en dépit de
lourdes carences issues de mon enfance et que je
traînais avec moi, comme des boulets. Mon frère Louis
a été et est toujours, pour moi, un vrai héros parce qu'il
a réussi, par ses propres forces, à vaincre tous les
dragons et les pièges de l'enfant adapté pour laisser, en
lui, libre cours à l'enfant sain.

En retrouvant vous aussi cet enfant sain, qui a été,
pour la plupart d'entre nous, refoulé et tenu à l'écart,
vous vous assurerez d'être toujours un adulte heureux
et bien dans sa peau.

Je vous invite donc à considérer cet ouvrage comme
un livre de chevet. Arrêtez-vous quelques minutes par
jour et jetez-y un coup d'œil. Je vous y suggère certains
gestes, certaines activités qui participent au bonheur, et
je donne des explications au sujet de leur importance
et de leurs effets. Ces suggestions sont aussi regroupées
à la fin, pour une consultation facile et rapide, dans
«Les aide-mémoire des jours heureux».

En lisant ce livre, demandez-vous quels sont les
gestes particuliers qui *vous* rendent heureux dans la vie.
Si vous ne les trouvez pas dans les listes proposées,
prenez le temps de les écrire dans l'aide-mémoire «Mes
petits bonheurs», qui constitue votre aide-mémoire
personnalisé.

Ensuite, réfléchissez à la question suivante : «Est-ce
que je les fais régulièrement, ces gestes susceptibles
d'améliorer ma qualité de vie?»

Si vous réalisez que vous vous privez souvent de ces petits gestes qui rendent la vie si agréable, prenez encore quelques minutes pour vous demander ce qui vous empêche de faire ces gestes : est-ce le manque de temps, le manque d'intérêt ou le manque d'argent ? Vous vous rendrez peut-être compte que la principale raison pourrait tout simplement être votre manque d'appétit pour le bonheur. Si c'est le cas, sachez que l'art d'être heureux s'apprend à tout âge, et que vous pouvez devenir un virtuose de cet art.

Vous me demandez quel est
le suprême bonheur, ici-bas ?

C'est d'écouter la chanson
d'une petite fille qui
s'éloigne après vous avoir
demandé son chemin.

LI-TAI-PO,
Poèmes.

1

Le bonheur au quotidien

L E BONHEUR est l'affaire du présent. Cette affirmation, on la retrouve dans tous les livres sur la pensée positive, n'est-ce pas ? Et pourtant, lorsqu'on pense au bonheur, on a trop souvent tendance à se réfugier dans les beaux souvenirs ou encore dans les projets futurs.

En fait, hier n'est plus et demain n'est pas encore arrivé. Ce serait alors dommage de négliger le moment présent en regrettant le passé ou en espérant que les jours à venir nous apporteront enfin la joie de vivre.

Être heureux au quotidien n'exclut pas le plaisir d'entretenir des projets à court, à moyen et à long terme. Vivre le bonheur «ici et maintenant» n'empêche aucunement d'utiliser la programmation du subconscient grâce à laquelle on se fixe des objectifs que l'on peut atteindre sans trop d'efforts. Les projets et la programmation sont des stimulants positifs dont on peut profiter pleinement et qui peuvent aisément cohabiter avec le bonheur de chaque jour, mais ils ne devraient jamais viser à remplacer celui-ci.

Prendre la décision de cultiver les plaisirs quotidiens de la vie est une étape importante dans l'apprentissage de l'art d'être heureux. Si vous prenez cette décision, vous obtiendrez instantanément des résultats positifs relativement à votre santé physique et mentale. Cette façon de vivre est tellement agréable qu'elle me fait même oublier, de temps à autre, ma fameuse technique de programmation du subconscient que j'ai partagée avec vous dans mon premier livre, *Pourquoi pas le bonheur?*. En effet, à l'époque où j'ai commencé à utiliser cette technique, je voulais, d'une part, me débarrasser de plusieurs irritants et j'aspirais, d'autre part, à obtenir certaines choses qui m'apparaissaient essentielles pour faire de moi une personne parfaitement heureuse.

Petit à petit, j'ai effectivement réglé la plupart de ces problèmes qui m'agaçaient, mais j'ai aussi compris que vouloir la perfection est toujours un obstacle au bonheur. En effet, je suis imparfaite, les autres sont imparfaits et la vie sur terre est imparfaite. Vouloir avancer, évoluer, se dépasser dans certains domaines est tout à fait légitime et apporte de grandes satisfactions. Par ailleurs, accepter de cheminer à son rythme, sans se mettre de pression ni formuler des attentes difficilement réalisables, prendre la vie du bon côté, savoir lâcher prise, sans perdre espoir, fait également partie de l'apprentissage du bonheur. Tout est dans le dosage. En y consacrant quelques minutes d'attention chaque jour, l'art d'être heureux devient en quelque sorte une seconde nature.

Apprendre à s'aimer et à se faire plaisir au quotidien entraîne chez l'être humain un automatisme puissant qui vous permettra de rejeter tous les sentiments négatifs qui vous hantent et qui vous empêchent de jouir de la vie. Mon frère Louis m'a souvent répété que, à part soi-même, l'être humain n'a que cinq ennemis réels : *hier, demain, la précipitation, l'indécision et la fatigue.* À maintes reprises, il m'est arrivé de réfléchir à ces cinq ennemis et de constater que, chaque fois que je broyais du noir, l'un ou plusieurs de ces ennemis étaient effectivement au rendez-vous dans ma vie. Maintenant, dans de tels cas, il me suffit de prendre conscience de la présence de l'ennemi, d'y faire face et de le mettre en déroute par une action ou une pensée positive neutralisante.

Prenez, à titre d'exemple, le cas d'une rupture avec un être cher. Tous les ennemis sont là, ils vous guettent et n'attendent que le moment propice pour vous précipiter dans la dépression. Vous pensez sans cesse aux bons moments que vous avez vécus avec lui ou avec elle (l'ennemi *hier*), vous vous dites que vous serez désormais seul et isolé pour le restant de votre vie (l'ennemi *demain*), vous risquez de vous jeter trop vite dans les bras d'une autre personne pour combler votre vide intérieur et extérieur (l'ennemi *précipitation*) ou, au contraire, vous dialoguez inlassablement avec vous-même en vous demandant si la rupture était nécessaire (l'ennemi *indécision*) et, finalement, vous ne vous sentez pas à la hauteur et êtes au bord du *burn-out* (l'ennemi *fatigue*). Il en est ainsi de tous les événements perturbateurs de notre vie. Comment faire pour vaincre ces ennemis ? La conscience de leur présence et quelques efforts de volonté viendront facilement à bout des plus coriaces, je vous le garantis.

Les exemples de petits gestes quotidiens qui suivent vous paraîtront parfois tellement simplistes que vous douterez peut-être de leur efficacité. À cette appréhension, je ne peux répondre que la seule façon, pour vous, de bien comprendre cette démarche est de l'expérimenter dans votre propre vie. Vous constaterez que ces gestes sont faciles d'accès et peu coûteux, et ne demandent que très peu de temps.

Vous constaterez également qu'après quelques jours de cet apprentissage vous commencerez à vous sentir différent. À votre grande surprise, vous susciterez aussi la curiosité et l'intérêt de votre entourage qui ne pourra certes pas demeurer insensible à votre transformation intérieure et extérieure. Et plus vous poursuivrez votre démarche, plus vous deviendrez un épicurien du quotidien. Chaque nouvelle journée représentera, pour vous, une occasion de vivre le bien-être au lieu du mal-être habituel. Les difficultés et les épreuves passeront dans votre vie d'une façon radicalement différente et n'atteindront pas votre paix intérieure.

Cette démarche ne fera pas de vous un être insensible et dépourvu d'émotions ; au contraire. Mais, à la différence de ce que vous avez toujours connu, les émotions positives feront enfin le contrepoids aux émotions négatives. Toutes vos facultés seront en éveil et vous permettront de traverser la pire des épreuves en conservant votre sérénité. Vous pourrez alors partager, avec moi, une toute nouvelle définition du bonheur, qui pourrait être la suivante :

Le bonheur n'est pas l'art d'éviter les difficultés et les problèmes de la vie. Le bonheur m'apparaît plutôt comme un art de traverser ces difficultés et ces problèmes tout en conservant la capacité d'éprouver de la joie à faire ce que l'on aime et à être avec ceux que l'on aime. Le bonheur est aussi la capacité de bien comprendre les messages que nous livrent ces difficultés et ces problèmes parsemés sur notre route au cours de notre existence, et ce, pour ne pas avoir à les revivre une seconde fois.

Cette définition du bonheur a surgi en moi dernièrement, pendant que je préparais une conférence, et elle représente l'aboutissement d'une recherche et d'un apprentissage qui ont débuté consciemment il y a un peu plus de vingt ans. Cette nouvelle façon de concevoir le bonheur est un heureux compromis permettant la cohabitation d'attitudes qui, *a priori*, semblent incompatibles.

Par exemple, on a tout à fait raison de vouloir poursuivre ses rêves, mais cela n'exclut pas la nécessité d'apprendre aussi à lâcher prise. Dans son livre extraordinaire intitulé *L'Alchimiste*, Paulo Coelho, reconnu mondialement pour sa grande sagesse, dit ceci : «Lorsque tu veux vraiment une chose, tout l'Univers conspire à te permettre de réaliser ton désir.» Richard Bach tient sensiblement le même discours dans son livre *Illusions* en écrivant : «Il ne t'est jamais donné un désir sans que te soit donné le pouvoir de le rendre réalité», ainsi que «Chaque personne, tous les événements de ta vie, sont là parce que tu les as attirés là. Ce que tu choisis de faire avec eux n'appartient qu'à toi.»

Par ailleurs, dans son best-seller mondial *Lâcher prise,* l'auteur Guy Finley nous invite à ne pas nous acharner à vouloir à tout prix obtenir un bien ou une situation si le sort semble conspirer à faire dévier notre route.

De son côté, l'écrivain Dan Millman nous propose d'emprunter «la voie du guerrier pacifique» (titre qu'il a donné à son livre) en nous suggérant de passer du savoir à l'acte. C'est également ce que je préconise et ce que je vis la plupart du temps, bien que je ne puisse nier qu'il m'arrive d'être obligée de ralentir le mouvement ou de briser délibérément le rythme de l'action, et même sa trajectoire, pour accueillir, tout simplement, la vie telle qu'elle se présente. Cultiver la volonté tout en conservant une certaine souplesse pour s'adapter aux circonstances imprévues est sans doute cet heureux compromis qui nous conduit graduellement à la sérénité.

Par ailleurs, ces auteurs, ainsi que plusieurs autres grands maîtres tels que Gandhi, Roberto Assagioli, Marie-Madeleine Davy, sainte Thérèse de l'Enfant-Jésus et bien d'autres encore, semblent tous d'accord sur le fait que le bonheur se trouve d'abord dans ces petits gestes tout simples mais combien grandioses de la vie quotidienne. Ces gestes répétés avec confiance et persévérance domptent le corps et l'esprit, attendrissent le cœur et ouvrent l'âme à sa véritable essence.

Petits bonheurs quotidiens

En se levant, le matin, faire une prière de gratitude parce qu'on est encore en vie et qu'une autre journée nous est donnée pour évoluer.

Le besoin qu'ont les êtres humains de s'affranchir de toutes les chaînes que la société, la famille et certaines religions leur ont imposées a amené plusieurs d'entre eux à s'éloigner de la vie spirituelle, qu'ils ont malheureusement confondue avec les pratiques religieuses.

En fait, l'être humain est d'abord et avant tout «esprit», et cet esprit en lui demande à s'exprimer. Peu importe ses croyances et ses convictions, l'être humain doit prendre contact avec cet esprit en lui et lui accorder une place dans sa vie, de la même façon qu'il prend soin de sa vie physique et de sa vie psychologique. Développer une forme de vie spirituelle n'oblige pas un individu à s'astreindre à des prières interminables ou à faire des sacrifices spectaculaires. Il s'agit seulement d'être attentif à son âme et de lui fournir les ingrédients qui lui permettront de s'épanouir.

La conscience de l'existence d'un Être suprême, la connaissance des lois qui régissent la Création et la capacité de s'abandonner en toute confiance à des forces supérieures n'empêchent d'aucune façon l'individualisme et l'utilisation du libre arbitre. Par ailleurs, apprendre à remercier quotidiennement notre Créateur pour toutes les grâces dont Il nous comble et prendre l'habitude de demander à être guidé sur le chemin de l'évolution est une excellente façon de commencer la journée et de donner un sens à tout ce que cette journée est susceptible de nous faire vivre.

Se regarder dans le miroir, se sourire et se dire : «Je t'aime et tu es la personne la plus importante pour moi.»

Vous penserez peut-être, après avoir lu cette phrase, que je prêche le narcissisme et l'égoïsme. Au contraire, il est maintenant reconnu que l'amour des autres commence par l'amour de soi. Sans amour de soi, il est totalement impossible d'aimer qui que ce soit, même ses propres enfants. En faisant régulièrement l'exercice ci-dessus, vous reprogrammerez votre subconscient, qui a peut-être pendant trop longtemps reçu un message tout à fait différent et vous faisait croire que le dévouement total et l'abnégation menaient au bonheur. Ces qualités de cœur ne sont valables que lorsqu'elles sont vécues de façon authentique et non pour donner un sens à sa vie. Si vous vous aimez réellement, que vous êtes une personne heureuse et que vous décidez délibérément de consacrer votre vie aux autres, vous en retirerez sûrement beaucoup de joie et de satisfaction. Mais ne vous risquez pas sur cette voie avant d'avoir fait votre ménage intérieur et d'avoir pris le bon chemin, c'est-à-dire le chemin de l'amour inconditionnel de soi.

Marcher dehors, au grand air, au moins quinze minutes en se répétant une pensée positive (genre de mantra).

Après avoir vécu plusieurs années dans un grande ville au rythme du métro-boulot-dodo, j'ai eu la très grande chance de déménager dans un endroit au rythme de vie plus rural et suis maintenant quotidiennement en contact avec les arbres, les oiseaux et les montagnes. À l'époque de ma vie citadine, je me disciplinais à faire du yoga et de la méditation chaque jour, persuadée, à juste titre d'ailleurs, que cette pratique quotidienne contribuerait à mon bien-être. Cependant, j'ai réalisé, il y a quelques années, que l'on pouvait combiner deux activités fort intéressantes et gagner ainsi en efficacité et en plaisir.

Même si vous ne demeurez pas à la campagne, la marche au grand air est une arme efficace contre la déprime et la léthargie. Combinée à la programmation, elle agit comme de la dynamite sur votre santé physique et mentale.

Voici quelques phrases, à titre d'exemples, que vous pouvez répéter mentalement et au rythme de votre pas :

Tous les jours, à tous points de vue, je vais de mieux en mieux est la célèbre phrase que le non moins célèbre Émile Coué, apothicaire français et père de la pensée positive, faisait répéter à tous ses clients lorsqu'il leur vendait ses potions curatives. Sa réputation grandit rapidement et l'on attribua à ses médicaments beaucoup plus d'efficacité qu'aux médicaments de ses concurrents. En fait, Émile Coué avait tout simplement compris la puissance de l'autosuggestion et de la programmation du subconscient, et en avait fait son alliée.

Je suis santé, bonheur et amour. Cette phrase toute simple, avec laquelle vous purifierez votre pensée, pourrait vous transformer plus rapidement que la bonne fée changea la citrouille de Cendrillon en un beau carrosse qui la conduisit au bal où elle rencontra son prince charmant.

Ô Lumière, montre-moi où tu te trouves. Cette phrase courte mais puissante m'a été enseignée par ma grande amie Yvonne alors que je vivais un détachement émotif des plus souffrants. Il faut dire qu'à l'époque j'avais seulement trente ans et que je n'utilisais pas encore toutes les ressources que l'apprentissage du bonheur m'a fournies au fil des ans. Je me revois marchant d'un pas décidé, au bord de la mer, en Floride où Yvonne séjourne

quelques mois par année, et me répétant mentalement
cette phrase tout en sentant mon cœur sortir de ma
poitrine. Soudain, quelqu'un m'a arrêtée pour me parler.
Je n'oublierai jamais ce qu'il m'a dit : «Mademoiselle,
il ne m'est pas arrivé avant aujourd'hui de rencontrer
quelqu'un avec un air aussi déterminé. Je suis certain
que vous irez loin dans la vie et que vous réussirez tout
ce que vous entreprendrez.» Et pourtant, je me sentais
si fragile et si petite au début de cet exercice. Je n'ai
pas revu cette personne, mais sa perception de moi
m'avait donné confiance en ma démarche.

**Chaque fois que l'on ressent du stress ou de la
nervosité, inspirer profondément en comptant jusqu'à trois et en imaginant que l'on inhale du positif,
retenir son souffle en comptant jusqu'à trois en
pensant que l'on garde en soi le positif, puis expirer
en comptant jusqu'à trois en se disant que l'on sort
de soi tout le négatif.**

La respiration est la base de la vie. Lorsqu'on pratique
régulièrement une discipline comme le yoga ou que l'on
fait beaucoup d'exercices physiques, on apprend obligatoirement à bien respirer. La simple respiration peut
dénouer instantanément les gros nœuds d'angoisse que
vous ressentez au niveau de votre plexus solaire ou dans
votre gorge. Tout comme l'exercice précédent, celui-ci
a l'avantage de favoriser simultanément le bien-être
physique et le bien-être mental.

Vous pouvez apporter des variantes à cet exercice. Par
exemple, si vous avez mal à la tête ou souffrez d'un
autre malaise physique, respirez profondément, toujours

en comptant jusqu'à trois, en vous disant mentalement que vous inhalez la santé, puis que vous retenez cette santé, et, enfin, que vous expirez la maladie.

Avoir la préoccupation quotidienne d'une bonne hygiène corporelle et d'une alimentation adéquate.

Le corps est la maison de l'âme, ne l'oublions pas. Pour fournir à ce corps le minimum d'ingrédients dont il a besoin pour bien fonctionner, pas besoin de se creuser la tête ni d'y consacrer des heures. Vous prenez les moyens pour que votre voiture soit en bon état, n'est-ce pas ? Vous faites régulièrement le plein d'essence, êtes attentif au niveau d'huile et au niveau d'air des pneus... Eh bien, votre corps mérite au moins autant de préoccupation de votre part.

Voici les ingrédients de base qui devraient, en principe, vous fournir un moteur et une carrosserie acceptables :

❖ dormir suffisamment, dans un bon lit, avec des oreillers confortables et dans une chambre bien aérée ;

❖ toujours garder son corps, ses cheveux et ses vêtements propres (ses lunettes aussi) ;

❖ se brosser les dents au moins deux fois par jour ;

❖ faire quelques exercices d'assouplissement chaque jour ;

❖ penser fréquemment à sa posture : que l'on soit debout ou assis, se tenir droit et non les épaules tombantes ; la posture influe sur la respiration de même que sur la perception de soi ;

❖ prendre un bon déjeuner ;

❖ boire au moins trois verres d'eau par jour ;

❖ manger au moins un fruit et un légume frais, et même plus si possible ;

❖ consommer de façon modérée les boissons alcoolisées et caféinées ;

❖ adopter la proportion un tiers/deux tiers pour la proportion de consommation viande/légumes et féculents : c'est une habitude orientale fort saine ;

❖ ne pas travailler en mangeant et manger le plus lentement possible en mastiquant bien.

Écouter de la musique, chanter et danser au moins une fois par jour.

L'écoute de la musique, le chant et la danse «au quotidien» sont une cure de bonheur magique. Chantez sous la douche ou en prenant votre bain. Chantez en faisant votre marche quotidienne. Chantez avec vos enfants. Ayez toujours une bonne réserve de cassettes dans votre voiture et écoutez de la musique lorsque vous vous rendez au travail le matin et durant le trajet du retour en fin de journée. Par expérience, je sais que c'est miraculeux !

J'ai, par exemple, une cassette des meilleures chansons de La Compagnie créole. Lorsque je suis triste, fatiguée ou préoccupée par un problème, ou tout simplement lorsque la circulation est au ralenti et que je risque de m'énerver, j'écoute cette cassette et je chante à pleins poumons ; il n'y a rien de tel pour stimuler la bonne humeur ! Durant la période de Noël, j'écoute et je chante très souvent des chants traditionnels pour me mettre dans l'ambiance des fêtes.

Vous pouvez même préparer vos cassettes personnelles, sur lesquelles vous enregistrerez vos pièces favorites, instrumentales ou vocales. Plaisir garanti!

Danser est aussi un anti-stress merveilleux. Je ne passe pas une seule journée sans faire quelques pas de danse, et j'ai constaté que cette habitude me rendait plus légère physiquement et mentalement. Mettez votre musique préférée, que ce soit un tango, un cha-cha-cha, une samba ou du ballet classique, et ne vous gênez pas pour vous faire aller le corps et le cœur. Chez moi, en plus de me faire du bien, ça stimule ma chienne, Soleil, qui n'en rate jamais une pour danser avec moi.

Tenir un agenda et une liste des courses à faire, et les consulter quotidiennement.

Beaucoup de gens sont stressés parce qu'ils ne savent pas trop ce que la journée qui vient leur réserve ou parce qu'ils ont peur d'oublier quelque chose d'important. Il y a deux choses que j'ai toujours dans mon sac à main, depuis des années : un agenda de mes activités, rendez-vous et réunions ainsi qu'une liste de courses à faire.

Cela peut sembler banal, mais vous ne pouvez vous imaginer à quel point ces deux outils tout simples contribuent à diminuer la tension quotidienne. La vie moderne est rapide et exige un minimum d'organisation si l'on veut arriver à joindre les deux bouts. En ayant un agenda annuel dans lequel noter vos rendez-vous, vous éviterez les bouts de papier dans votre porte-monnaie ou à côté du téléphone de la cuisine. Même si vous n'occupez pas un emploi à l'extérieur, je vous recommande très fortement d'utiliser un agenda. Je vous recommande également de toujours faire une liste des courses à faire, aussi bien pour l'épicerie que pour tout autre achat. Quoi de plus frustrant que de revenir de son magasinage et de réaliser qu'on a oublié quelque chose !

Faire et recevoir une caresse (avec un conjoint, un enfant, un parent, un ami ou un animal de compagnie).

Connaissez-vous l'adage suivant : «*An apple a day keeps the doctor away.*» Cette maxime populaire signifie qu'en mangeant une pomme par jour on demeure en bonne santé, évitant ainsi d'avoir à faire appel au médecin.

S'étant peut-être inspiré de cet adage, le célèbre Leo Buscaglia, écrivain et conférencier américain d'origine italienne, en propose un autre : «*One hug a day is a must to be happy.*» Il affirme en effet, dans son livre *Living, Loving and Learning,* qu'il est absolument indispensable, pour une bonne hygiène physique et mentale, de donner et de recevoir au moins une caresse par jour. D'ailleurs, après chacune de ses conférences, il permet aux gens qui en expriment le souhait de monter sur l'estrade et il leur prodigue lui-même une bonne accolade en prenant quelques secondes pour leur adresser quelques paroles réconfortantes.

Vivant actuellement seule avec mes deux chats, Chaton et Filou, et ma chienne, Soleil, je peux vous assurer que ceux-ci profitent largement du conseil de Leo Buscaglia; en fait, ils sont presque submergés de caresses quotidiennes. Lorsque nous étions enfants, nous demandions d'instinct notre dose de caresses quotidiennes. En vieillissant, nous considérons, à tort, que nous avons un moins grand besoin de ces caresses. Un tel contact physique est pourtant essentiel. C'est ce qui explique pourquoi bon nombre d'adultes qui n'ont pas eu la chance de caresser ou d'être caressés pendant des mois, ou même des années, se mettent à pleurer comme de tout petits enfants lorsqu'ils sont touchés à l'occasion d'un massage ou d'un autre soin corporel.

Bien sûr, la pratique du rapprochement physique purement «amical» peut varier d'une culture à une autre. Par exemple, on n'est pas surpris de voir deux amis italiens, roumains ou russes se prendre à bras-le-corps et se témoigner ainsi leur attachement réciproque. On n'est pas plus surpris de voir deux copines européennes se promener, dans la rue ou sur la plage, bras dessus, bras dessous. Cette façon d'être, plus décontractée et plus chaleureuse, est moins fréquente chez les Nord-Américains, qui affichent une plus grande réserve à cet égard.

Quoi qu'il en soit, je vous fais confiance. Vous trouverez sûrement une «victime» consentante (la grand-maman qui vit avec vous, le conjoint qui fait son indépendant, bébé ou minou qui n'attendent que l'occasion de se coller) qui profitera autant que vous de cette bonne habitude.

Rendre quelqu'un heureux par une parole, un geste ou un sourire.

Il nous est donné plein d'occasions, chaque jour, pour faire plaisir à quelqu'un. Saisir, ne serait-ce qu'une fois

par jour, l'une de ces occasions est tout à fait thérapeu-
tique et ajoute du bonheur à notre journée. Saisir toutes
les occasions est une habitude merveilleuse dont vous
ne voudrez jamais vous défaire si vous y goûtez.

Vous réaliserez que faire plaisir, comme ça, gratuitement, est tellement agréable pour soi qu'on se demande
finalement qui, de celui qui donne ou de celui qui reçoit, est le plus chanceux.

Voici une liste d'occasions à saisir pour faire plaisir
sans qu'il vous en coûte un sou, mais qui vous rappor-
teront gros sur le plan émotionnel :

❖ sourire et dire bonjour en premier à tout le monde
que l'on rencontre ;

❖ faire un compliment à quelqu'un qui est bien ha-
billé, sent bon ou a l'air en forme ;

❖ dire souvent s'il vous plaît et merci ;

❖ céder sa place dans une file d'attente ou dans
l'autobus ;

❖ tenir la porte ouverte à une personne qui a les
mains pleines ;

❖ accepter avec le sourire de rendre un service qui
nous est demandé ;

❖ prendre le temps d'écouter attentivement, sans
l'interrompre, quelqu'un qui raconte une histoire ;

❖ acheter des friandises et les partager avec les collègues de bureau ;

❖ avertir quelqu'un qu'il a oublié d'éteindre les
phares de son automobile ;

❖ prendre le temps de bien garer sa voiture pour ne
pas empiéter sur le stationnement voisin et prendre
deux places pour soi ;

❖ exprimer son appréciation aux employés pour de bons services reçus, au restaurant, au bureau de poste, à la banque, à la pharmacie, au garage ou à l'agence de voyages;

❖ offrir son aide à une personne handicapée;

❖ fournir des renseignements à quelqu'un qui cherche son chemin ou qui cherche un bureau dans un secteur que l'on connaît bien;

❖ raconter une histoire drôle pour détendre l'atmosphère;

❖ prendre quelques minutes pour regarder les photos des enfants de ses collègues.

Parler distinctement, avec une voix heureuse, et saisir toutes les occasions qui se présentent pour rire.

La façon dont on parle, les termes que nous employons et l'humeur que nous affichons sur notre visage sont des signaux pour ceux et celles qui nous entourent, mais ils ont également une influence sur notre propre état d'âme.

En effet, si vous êtes triste et fatigué et que vous affichez un comportement qui correspond à cet état, vous ne ferez qu'accentuer votre malaise. Par contre, si vous décidez volontairement d'agir «comme si» tout allait bien, que vous vous faites un tout petit peu violence et que vous choisissez de communiquer avec dynamisme malgré vos difficultés, vous verrez celles-ci diminuer considérablement, parce que notre façon d'agir influe sur notre bien-être intérieur. On a l'habitude de penser qu'une personne heureuse et en santé sera souriante et ouverte à une communication positive. Mais on pourrait aussi voir les choses autrement : en effet, on constate qu'une personne qui a pris l'habitude de communiquer dans la joie et avec le sourire favorise chez elle la santé et le bonheur. Rire dilate la rate alors que broyer du noir génère de la bile et entraîne un mauvais fonctionnement du foie.

S'aménager un environnement qui nous ressemble et qui nous fait du bien.

On ne réalise pas toujours à quel point l'environnement influe sur notre bien-être et sur notre bonne humeur. C'est pourtant prouvé que l'environnement a un effet important sur les êtres humains et même sur les animaux. Mais la bonne nouvelle, c'est que nous avons la possibilité d'influencer et de modifier notre environnement pour en faire un allié, aussi bien au travail que chez soi.

Vous m'objecterez sûrement qu'on ne contrôle pas tous les éléments en cause dans l'aménagement de notre environnement, et je vous donne entièrement raison. Mais ce n'est pas parce que l'on ne peut vivre dans un château en Espagne qu'il faut nécessairement renoncer à s'entourer du maximum de confort et à retirer du plaisir de son environnement; il s'agit tout simplement de tenir compte de ses moyens et des limites imposées par notre employeur ou les autres membres de la famille.

Retrouver des objets familiers au retour chez soi après une bonne journée de travail ou un voyage, vivre dans des couleurs qui nous énergisent, avoir la fierté de garder sa maison ou son appartement propre et relativement en ordre (sans être maniaque), pouvoir admirer l'extérieur parce que les fenêtres sont bien nettoyées, avoir un réfrigérateur, un garde-manger, un grille-pain, une cuisinière et un tiroir à ustensiles bien entretenus, voilà autant d'éléments qui, bien que simples, participent très certainement au bien-être quotidien.

Certains aiment un environnement dénudé parce qu'il leur procure une forme d'apaisement. D'autres préfèrent un environnement plus chargé parce qu'ils y voient une ambiance plus chaleureuse. Faites l'expérience suivante à l'occasion d'un déménagement : lorsque tous les cadres, bibelots et rideaux auront été enlevés, prenez quelques minutes pour voir comment vous vous sentez dans cette nouvelle ambiance. Ayant moi-même fait cette expérience, j'ai décidé de modifier mon nouveau décor en limitant au maximum les rideaux et les stores afin d'avoir la possibilité de mieux apprécier la vue des arbres et des oiseaux. L'important est de se sentir bien !

Par ailleurs, vous pouvez aussi rendre votre lieu de travail plus intéressant en vous entourant de quelques objets agréables. Par exemple, avoir près de soi un beau calendrier avec des photos que l'on aime (paysages, animaux, images féeriques, etc.) est utile et pas cher, et cela personnalise son environnement. Disposer son mobilier en diagonale, ajouter une lampe au décor, avoir un porte-crayon original, afficher les dessins de ses enfants, garder quelques photos de personnes chères, épingler des pensées positives devant son bureau sont autant de petits gestes qui font d'un lieu de travail un endroit moins hostile, quelle que soit la nature du travail. Les visiteurs en profitent également et sont certainement dans de meilleures dispositions lorsqu'ils ont la chance de découvrir quelques originalités sur leur parcours. J'ai été à même de constater cet effet lorsque, en allant voir mon médecin dernièrement, j'ai découvert une toute nouvelle décoration.

Prévoir au moins dix minutes par jour pour être en contact avec la nature.

Le contact avec la nature est un gage de joies sans cesse renouvelées. Plus je vieillis, plus je réalise à quel point je suis entourée de merveilles qui à tour de rôle réussissent à me calmer, à m'émouvoir, à me faire sourire et à me distraire des pires calamités.

Chaque début de journée est différent; différent du jour précédent et de celui qui va suivre, différent en ombre et en lumière, en couleur du ciel, en formes de nuages, en conditions météo. Chaque soirée nous invite à regarder la Lune et les étoiles qui, elles aussi, favorisent la contemplation et la méditation. La vie moderne, les lumières de la ville et nos horaires chargés nous font malheureusement oublier ces magnifiques trésors qui pourtant ne coûtent rien et n'attendent que quelques minutes de notre temps pour se laisser savourer.

S'occuper avec amour de plantes d'intérieur ou d'extérieur – par exemple, faire son propre jardin ou tout simplement faire pousser quelques herbes aromatiques qu'on utilisera ensuite dans la cuisine – n'a pas son pareil pour nous aider à combattre le stress et faire bon ménage avec la vie.

D'autre part, le contact avec les animaux est tellement important pour l'être humain que la zoothérapie est maintenant une approche reconnue dans le traitement de divers problèmes, dont certains qui sont très graves, tel l'autisme, dont souffrent des personnes incapables de communiquer avec leur entourage. On encourage également, depuis quelques années déjà, la présence d'animaux de compagnie auprès des personnes âgées et de celles souffrant de handicaps physiques ou mentaux. La présence d'un animal de compagnie est maintenant permise dans certains hôpitaux pour favoriser la guérison et la récupération à la suite d'une intervention chirurgicale ou pendant le traitement d'une maladie grave.

Que vous ayez un chien, un chat, un oiseau ou simplement des poissons rouges, prendre soin d'un être vivant, qui est toujours là quand vous rentrez à la maison, est une joie incomparable. Si votre horaire ne vous permet pas d'avoir la responsabilité d'un animal, qui exige quand même plus d'attention quotidienne qu'une plante, vous pouvez toujours installer une mangeoire pour observer, de votre intérieur, la grâce magnifique de tous les oiseaux qui viendront y festoyer.

Laisser la fantaisie et la créativité entrer dans sa vie.

Les gens qui utilisent leur imagination et ont le sentiment d'innover ne s'ennuient jamais et sont, en général, heureux. Il n'est pas nécessaire de faire la découverte du siècle pour être une personne créative; il s'agit plutôt de se donner quelques outils de base et de développer un état d'esprit qui nous amène graduellement à sortir des sentiers battus pour vivre de façon plus personnelle et originale. Ainsi, ayant remarqué que j'avais parfois des idées incroyables mais que souvent je n'avais pas ce qu'il me fallait pour les noter, j'ai donc pris l'habitude d'avoir, à portée de la main, un crayon et du papier pour ne pas laisser s'échapper ces idées intéressantes.

Lorsque vous préparez vos repas, et même vos lunchs, lorsque vous choisissez vos vêtements, rédigez une note de service à l'intention d'un collègue de travail, emballez un cadeau d'anniversaire ou écrivez des vœux de Noël à vos amis, permettez-vous de sortir des sentiers battus, d'être différent, de mettre votre touche personnelle dans tout ce que vous faites. Chaque personne est unique et sa façon de percevoir la vie l'est également. On dit parfois qu'il faut se méfier de notre imagination, mais je crois plutôt qu'il faut s'en servir comme d'un merveilleux outil pour façonner la magie de notre quotidien.

Les enfants s'inventent plein de personnages et jouent eux-mêmes des personnages qui expriment une ou plusieurs facettes de leur personnalité. Pourquoi, une fois adulte, ne pas conserver cette bonne habitude?

Tenir un journal quotidien, faire de la photo, dessiner ou peindre, jouer d'un instrument de musique, faire des montages audio ou vidéo, inventer de nouvelles recettes de cuisine, faire des travaux manuels (couture, tricot, crochet, bricolage, ébénisterie…), collectionner des timbres, voilà quelques exemples d'activités très accessibles qui contribuent à développer la créativité et la fantaisie. Pour développer votre fantaisie, vous n'êtes pas obligé d'y consacrer des heures chaque jour, mais tout simplement être ouvert et réceptif à cette partie de votre mental qu'est l'imaginaire, qui ne demande pas mieux que de participer à votre joie au lieu de nourrir vos peurs et vos doutes.

Prendre l'habitude de lire au moins quelques pages chaque jour.

La présence dans nos vies des médias tels que la radio, la télévision, le cinéma et la vidéo est fantastique et favorise bien sûr la diffusion de l'information à une vitesse incroyable. Face à ces technologies si performantes, le livre pourrait paraître désuet, mais il n'en est rien. Un livre est, et demeurera, j'en suis persuadée, un instrument irremplaçable qui a le pouvoir de rejoindre le mental, le corps et l'âme d'une façon différente que ne le font tous les autres médias.

Le livre a d'abord l'avantage d'être physiquement très accessible, surtout avec les nombreuses bibliothèques où l'on peut s'approvisionner. Par ailleurs, on entre en contact avec son contenu autant de fois qu'on le désire et l'on accède à ce contenu à la vitesse qui nous convient en étant complètement dégagé de tout commentaire ou interprétation à son sujet (à moins de lire les critiques). De plus, les sujets abordés sont inépuisables : romans, histoire, géographie, psychologie, philosophie, biographies, botanique, sport, ésotérisme... Quel que soit le sujet qui vous intéresse, vous trouverez un livre qui en traite.

J'ai l'habitude d'avoir plusieurs livres à portée de la main, et de genres totalement différents. Je lis de tout. Je lis, bien sûr, de nouveaux livres, mais il m'arrive également de relire des passages de certains livres ou même des livres entiers qui m'ont particulièrement touchée. Je suis toujours étonnée mais ravie d'y découvrir certains aspects qui m'avaient échappé ou encore d'y revivre les mêmes joies qu'au moment de ma première lecture.

On entend souvent dire que le chien est le meilleur ami de l'homme. Je pense qu'on pourrait affirmer, sans se tromper, que l'homme a un ami aussi fidèle et au moins aussi agréable qu'un bon toutou avec la présence de tous les livres qui sont à sa portée. Avec un bon livre, on ne s'ennuie jamais !

Avoir recours à la programmation du subconscient et à la visualisation créatrice au moins une fois par jour.

Depuis une vingtaine d'années, je pratique quotidiennement la programmation, dont un des éléments importants est la visualisation créatrice.

Pour faciliter le processus de programmation, il est parfois utile d'avoir recours à la technique des fiches-messages, que j'ai exposée dans mon premier livre, *Pourquoi pas le bonheur ?*, et qui consiste à écrire ses programmations et à les relire au moins une fois par jour. Cette technique est efficace et a fait ses preuves. Il n'est cependant pas indispensable d'y avoir recours si on est tenace et constant dans la poursuite de ses idéaux. Personnellement, avant de développer cet outil que sont les fiches-messages, je chantais mes programmations. Par la suite, réalisant que je manquais parfois de constance ou de détermination parce que j'étais la proie de peurs, de doutes et d'hésitations, j'ai décidé de me donner une aide supplémentaire et d'écrire mes objectifs.

Vous pensez peut-être que c'est long et fastidieux de procéder par l'écriture, mais si vous percevez cette activité comme un jeu, vous réaliserez rapidement qu'elle peut devenir amusante et s'intégrer dans votre vie, comme le fait de vous brosser les dents le matin. D'autre part, je vous conseille fortement, comme dans mes livres précédents, de faire de nombreuses programmations en même temps pour éviter de tomber dans le piège si fréquent de devenir obsédé par la réalisation d'une ou deux choses particulières qui vous tiennent à cœur.

La visualisation créatrice consiste à avoir recours à son imagination pour essayer de se représenter mentalement, par des images précises, les résultats de ses programmations. Cette façon de procéder accélère le travail du subconscient et a également l'avantage de procurer instantanément un plaisir physique et mental à la personne qui visualise.

Si vous avez de la difficulté à pratiquer cette technique de visualisation, vous pouvez commencer par des exercices très simples tels que vous fermer les yeux et imaginer, à tour de rôle, chacune des couleurs. Vous pouvez également vous exercer à la visualisation en essayant de vous remémorer des odeurs ou des sons particuliers, comme le son d'une cloche ou le cri d'un animal.

Pour conclure

Les quinze principes de vie dont je viens de vous parler vous paraîtront peut-être trop simples ou trop peu nombreux pour vous amener à conclure qu'ils pourront vous aider à avoir accès au bonheur. Ou, au contraire, vous sembleront-ils tellement astreignants que vous aurez envie de démissionner à leur simple lecture.

Quelle que soit votre réaction, respectez-la et n'essayez pas de vous transformer en une seule journée.

Changer ses habitudes de vie au quotidien se fait par petits pas et à son propre rythme. Pour certains, il s'agira peut-être de commencer par un ou deux des exemples suggérés. Pour d'autres, les exemples feront peut-être surgir en eux des idées différentes mais tout aussi valables. Peu importe la façon d'accéder au bonheur, l'objectif demeure toujours d'améliorer sa qualité de vie en se faisant plaisir, en préservant sa santé physique et mentale compte tenu de ses limites, et en améliorant la communication avec son entourage.

Vous pourrez aussi, bien sûr, au gré de votre fantaisie et de vos goûts, puiser dans les autres sections de cet aide-mémoire pour trouver des ingrédients susceptibles d'ajouter à votre bonheur quotidien. En fait, tous les exemples que je donne dans ce livre pourraient faire partie de votre aide-mémoire personnel (voir «Mes petits bonheurs» à la fin du livre), que je vous encourage à remplir pour orienter votre démarche. Qu'il s'agisse du bonheur avec vos enfants, des plaisirs à découvrir par l'utilisation saine de vos cinq sens ou encore de l'énergie que vous avez décidé d'investir dans un projet qui vous tient à cœur, tout peut devenir du bonheur au quotidien.

En sélectionnant ces quinze principes, j'ai par ailleurs tenté de vous faire découvrir un sentier que j'ai débroussaillé pendant plusieurs années et qui, aujourd'hui, me semble moins aride qu'il ne l'était au tout début de ma démarche. Cela ne veut pas dire que je pourrais y cheminer à votre place, ni même que je serais capable de vous influencer pour que vous acceptiez de vous donner la place que vous méritez dans votre vie, c'est-à-dire la première place. Pour emprunter ce sentier, il vous suffit tout simplement, comme plusieurs d'entre vous l'ont déjà fait en mettant en pratique ma technique de programmation du subconscient, de faire un acte de foi et de vous dire : «Après tout, qu'ai-je à perdre?» Ce premier pas franchi, vous serez étonné de voir à quel point les autres suivront agréablement.

*Le seul moyen de changer la vie, ce n'est
pas d'appeler l'événement extraordinaire
qui modifierait l'existence, c'est que
notre existence ordinaire, par la conscience
intériorisée, cesse d'être vécue ordinairement.*

Louis Pauwels,
L'Apprentissage de la sérénité.

2

Bonheur et sensualité

D ANS sa grande sagesse, le Créateur a permis à l'esprit humain inconscient de s'incarner sur terre pour parvenir, au fil de son existence qui nécessite plusieurs vies successives, à l'autoconscience, c'est-à-dire au plus haut degré d'évolution auquel est appelé tout esprit humain.

Comme nous le savons tous, cette incarnation terrestre ne s'accomplit pas sans souffrance, et il peut même nous arriver, à certaines occasions, de nous demander si toute cette souffrance a un sens ou si, au contraire, la vie est absurde.

Quelle que soit la réponse à une telle question, nous sommes pour ainsi dire obligés de faire face à la musique, à moins de choisir, comme voie d'évitement de cette souffrance, de se soustraire volontairement à la vie terrestre et d'en finir tout simplement par le suicide.

Les nombreux écrits sur la mort et le cheminement d'une âme de suicidé ne laissent cependant pas présager que la personne qui choisit de s'enlever délibérément la vie, sans avoir complété toutes les expériences que son esprit avait décidé de vivre avant de s'incarner, soit plus heureuse dans l'au-delà. En effet, il semblerait que, conformément à la loi de l'attraction des affinités, cette âme doive, après ce geste de désespoir, se retrouver pour un temps indéfini avec des âmes de même nature. Il s'agirait en quelque sorte d'un puits de noirceur duquel il n'est pas facile de sortir pour retrouver la lumière. Cette âme peut ainsi errer très longtemps avant que ne lui soit donnée une nouvelle occasion d'apprendre le bonheur.

Par ailleurs, ne l'oublions pas, cette même incarnation comporte aussi son bagage positif qui fait le contrepoids à la souffrance inévitable. En effet, le Créateur nous a dotés, en plus de nos facultés intellectuelles, d'un corps magnifique grâce auquel nous pouvons communier avec beaucoup de plaisir à toutes les beautés de la Création.

L'être humain épanoui et conscient réalise à quel point ses cinq sens sont un trésor inestimable qu'il peut intégrer à sa joie de vivre. Malheureusement, trop souvent on ne s'en rend compte que le jour où l'on perd un ou plusieurs de ces sens. Ayant grandi auprès d'une sœur aînée non voyante, je suis bien placée pour vous dire à quel point j'ai toujours été consciente de ma chance de pouvoir profiter de tout ce que mes yeux me permettent de voir. Par ailleurs, j'ai aussi appris de ma sœur qu'une personne privée d'un sens comme la vue en arrive souvent à développer davantage ses autres sens. Par exemple, je revois ma sœur en train de lire l'écriture braille, qui consiste en de tout petits points surélevés que le bout des doigts décode tactilement. Cette adaptation des sens est vraiment admirable!

J'ai également rencontré, à quelques reprises, des individus ayant perdu le sens de l'odorat à la suite d'un accident. C'est un véritable drame humain pour ces personnes, car cette perte les empêche également de goûter aux aliments puisque le goût est en partie lié au sens olfactif.

Cultiver ses cinq sens

Vous avez peut-être déjà rêvé d'avoir un don extra-ordinaire qui ferait de vous une vedette reconnue dans un art ou dans un sport quelconque. Vous enviez peut-être ceux et celles qui gagnent des médailles d'or aux Jeux olympiques. Ou encore, vous vous êtes déjà demandé comment l'on se sent lorsqu'on est Robert Redford ou Demi Moore.

Beaucoup de gens ont cette tendance à observer d'autres personnes et à s'imaginer que celles-ci ont plus de chance et sont plus heureuses qu'eux. Comme le dit un vieux dicton : «L'herbe semble toujours plus verte chez le voisin.»

Ma chère maman, dont je vous ai déjà parlé dans mes livres précédents, avait bien sûr ses défauts comme tout le monde, mais elle parlait aussi avec une grande sagesse qu'elle avait acquise en grande partie, disait-elle, de son père, mon grand-papa Levert.

Une de ses paroles de sagesse était à l'effet qu'il faut regarder ce que l'on a au lieu de regarder ce que l'on n'a pas. Elle avait l'habitude également d'attirer mon attention sur des plus démunis afin que je constate ma grande chance de jouir d'une bonne santé, d'avoir tous mes membres et de pouvoir goûter à la vie. Cette femme, qui pourtant ne se disait pas ni n'était très sensuelle, et qui nous semblait à nous, ses enfants, un peu désincarnée, m'a ainsi appris à cultiver mon jardin et à apprécier ce que je possédais physiquement et mentalement.

Je me souviens aussi d'avoir souvent dit à maman que j'aimais tout mais n'étais bonne dans rien. Et elle me répondait toujours qu'il était plus intéressant d'avoir plusieurs cordes à son arc et d'être polyvalente que d'exceller dans quelque chose de particulier en délaissant tout le reste. J'ai repensé à ces sages paroles en entendant une entrevue que donnait Sylvie Bernier, médaillée d'or en plongeon aux Jeux olympiques; elle expliquait qu'en fait elle n'avait pas eu une vie normale et avait dû renoncer à tellement de choses pour arriver à ce résultat. Combien de jeunes ont fait comme elle, mais n'auront par contre jamais la chance de monter sur le podium?

On a également tendance à envier ceux et celles qui jouissent d'un grand talent artistique ou sportif en oubliant toutes les heures de travail qu'ils y ont consacrées pour réussir leur performance. On admire aussi la beauté exceptionnelle de certaines personnes en oubliant que celui ou celle qui dépend de son apparence pour travailler ou se sentir aimé vit peut-être dans l'anxiété de voir cette beauté s'altérer avec le temps. Pourquoi donc ne réalise-t-on pas toute la richesse que l'on possède soi-même du simple fait d'être vivant et de pouvoir goûter pleinement à tout ce qu'offre la vie?

C'est peut-être tout simplement que nous tenons pour acquis ces possibilités de plaisirs que nous offrent nos cinq sens. Pourquoi en est-il ainsi? Est-ce parce que nous les possédons tous automatiquement dès notre naissance et que nous n'avons pas à travailler très fort pour arriver à les utiliser? En effet, les sens de la vue, de l'ouïe, de l'odorat, du goûter et du toucher nous tombent du ciel, à notre naissance, comme si cinq belles fées assistaient à chaque naissance et déposaient, en guise de présents aux nouveau-nés, ces facultés physiques.

Mais ces sens physiques peuvent nous apporter plus encore si nous les utilisons en les reliant à notre cœur et à notre âme pour enrichir notre vie spirituelle. Dans *L'Apprentissage de la sérénité,* Louis Pauwels précise que toutes les jouissances nous placent devant un choix : en être l'esclave ou le maître. Il est intéressant de noter que l'auteur ne préconise toutefois pas l'abstinence.

Vous trouverez peut-être étonnant que je m'attarde tant à cet aspect de la vie, mais je rencontre tellement de gens qui se disent malheureux parce qu'ils n'ont pas rencontré l'âme sœur, ou qu'ils n'ont pas la maison de leur rêve, ou qu'ils n'aiment pas leur travail, alors que tant d'autres personnes, diminuées physiquement à la suite d'une maladie ou d'un accident, aimeraient très certainement bénéficier de toutes les ressources accessibles à ces gens incapables de ressentir la joie de vivre. Par ailleurs, ces dernières personnes ont sans doute, avant leur maladie ou leur accident, tenu le même discours; aujourd'hui, elles réalisent combien elles étaient choyées par la vie.

Je veux, en traitant des cinq sens, partager avec vous des exemples de petits bonheurs accessibles par le biais

de ces sens. Il ne faut cependant pas conclure que tout
ce qui est sensuel est nécessairement contraire à l'évolution spirituelle. La sensualité bien vécue peut, au contraire, favoriser l'épanouissement de l'âme et du cœur.
Pensons seulement à toutes ces belles musiques qui
élèvent l'âme, à toutes ces beautés que nos yeux peuvent
contempler dans la nature ou dans les œuvres d'art, ou
encore à tout le bien que l'utilisation du sens du toucher
peut procurer, dans un massage, dans l'art du Reiki ou
par une simple poignée de main.

En faisant un tel éloge des sens, je ne voudrais
aucunement blesser une personne qui serait privée de
ces attributs à la suite d'un accident ou en raison d'un
problème de naissance. Au contraire, je rends ainsi
hommage à toutes ces personnes qui, malgré leurs limi-
tations, ont appris à compenser et à tirer le maximum
des facultés qu'il leur reste.

Par contre, comme je le mentionnais précédemment,
la plupart d'entre nous ne réalisent pas à quel point nous
sommes chanceux d'avoir ainsi accès au bonheur.
Souvent, ces gens cherchent le bonheur dans des histoires tellement compliquées qu'ils passent à côté de ce
qui leur est accessible dès maintenant.

À ce sujet, je recevais dernièrement un appel téléphonique d'une jeune femme que je connais depuis
quelques années déjà et qui, sans le savoir, est venue
confirmer le propos de ce livre. Il s'agit d'une personne
en pleine santé qui exerce un emploi peu conventionnel
mais bien rémunéré et qui, par surcroît, est très jolie.
Lui ayant dit que j'écrivais un nouveau livre sur le
bonheur, elle me demanda si je croyais au fait que
certaines personnes seraient prédisposées au bonheur,

dès leur naissance, alors que d'autres seraient condamnées à la souffrance. Elle me confia qu'elle n'avait
jamais été heureuse sans interruption, même sur une
courte période de six mois. Elle avait aussi une très
grande appréhension et m'avoua qu'elle ne voulait
absolument pas perdre de temps à régler les «bibites»
de son enfance parce que ce temps de l'enfance était
révolu et qu'elle n'y pouvait plus rien.

Les propos de cette amie ont remué beaucoup d'idées
et d'émotions en moi, probablement parce que je pensais
de la même façon au début de ma démarche de croissance. Par ailleurs, ses paroles m'ont convaincue de la
nécessité de poursuivre la rédaction de ce livre et de
tenter d'apporter mon humble éclairage et mon expérience pratique relativement à ces questions existentielles.

D'une part, je pense qu'effectivement certaines
personnes naissent plus émotionnellement handicapées
que d'autres. On pourrait expliquer cet état de fait par
l'existence de vies antérieures et par la notion du karma
dont il question dans toutes les approches ésotériques.
On peut également constater que certains enfants, dont
je suis, n'ont pas été vraiment désirés par leurs parents
et qu'ils se sont retrouvés dans un milieu incapable de
répondre à leurs besoins fondamentaux, ce qui a en-
gendré chez eux des carences affectives profondes et une
plus grande difficulté à accéder au bonheur par le
biais de tout leur être physique, mental, émotionnel et
spirituel.

Ces deux réalités m'apparaissent tout à fait plausibles
et, à mon avis, existent simultanément chez la plupart
des gens. Supposons, par exemple, que vous vous êtes

mérité un karma qui vous oblige à apprendre, dans cette vie, le détachement et l'amour de soi. Il est alors tout à fait possible que vous choisissiez de vous incarner dans une famille dysfonctionnelle dans laquelle, pour développer l'estime de vous-même, vous aurez à lutter davantage qu'un enfant désiré et issu d'une famille plus équilibrée.

Ces considérations ne sont pas à négliger dans une recherche approfondie de la raison d'être de notre existence et de la compréhension de nos états d'âme. Mais une chose est certaine, c'est que le fait de croire ou de ne pas croire aux racines de votre mal-être ne changera rien à la situation comme telle. Comprendre pourquoi on souffre est une chose, trouver le moyen d'atténuer cette souffrance ou de s'en libérer en est une autre.

Pour ma part, je préfère travailler à tous les niveaux, probablement en raison de ma grande curiosité intellectuelle et sans doute aussi parce que la communication d'une certaine connaissance par le biais de mes livres et de mes conférences doit faire partie de ma «légende personnelle*».

La prise de conscience des sens corporels et l'utilisation saine de ces facultés physiques constituent non seulement une façon d'éprouver du plaisir mais également une manière efficace d'éloigner de soi la maladie, aussi bien physique que mentale. On fait, en quelque sorte, d'une pierre deux coups.

Par ailleurs, loin de moi l'idée de vous faire croire que je suis une personne totalement épanouie et qui

---

* Expression employée par Paulo Coelho dans *L'Alchimiste* pour parler de notre «mission» sur terre.

réussit à utiliser parfaitement bien toutes ses facultés. Je suis consciente de mon potentiel, mais également du long chemin qu'il me reste encore à parcourir. Heureusement, on m'a toujours prédit que je vivrais très longtemps et très lucide. J'ai été émotionnellement coincée pendant un si grand nombre d'années que j'ai malheureusement beaucoup de rattrapage à effectuer. Par contre, comparativement à l'époque au cours de laquelle je souffrais d'anorexie (au début de la vingtaine), où le mot déguster n'avait aucune signification pour moi et où je n'avais aucune espèce d'idée du plaisir extraordinaire que je ressentirais un jour tout simplement en contemplant un coucher du soleil ou un feu de foyer, je peux vous assurer qu'il existe tout un monde !

Avec tout ce que je sais maintenant, je constate que j'aurais aimé avoir accès à cette information beaucoup plus tôt afin de passer à l'action. Ce livre que j'écris pour vous, j'aurais aimé le lire à vingt ans, ou même avant. En aurais-je bénéficié, ou l'apprentissage par le chemin difficile et non débroussaillé faisait-il aussi partie de ma « légende personnelle » ?

Peu importe, puisque la question demeurera toujours sans réponse. Permettez-moi cependant d'espérer que ce livre aidera quelques personnes à accéder plus rapidement que moi à ces petits plaisirs à la portée de tous en atténuant ainsi les difficultés de leur propre vie.

Il m'apparaît important d'insister encore sur le fait que le bonheur n'exclut pas toutes les difficultés et toutes les épreuves de la vie. N'enviez absolument personne et n'ayez surtout pas l'illusion que certains sont privilégiés et sont protégés de toute souffrance. Vous aurez sans doute l'impression en côtoyant certaines personnes qu'elles sont effectivement parfaitement heureuses et ne souffrent jamais. Ces personnes ont sans doute appris à composer avec leurs souffrances et à ne pas s'apitoyer sur leur sort. Elles ont aussi développé ce que j'appelle le «contrepoids» des difficultés en se permettant d'être heureuses.

Le bonheur ne tombe du ciel pour personne, il faut le vouloir, y travailler sans relâche et y investir suffisamment d'énergie pour le garder. Que l'on soit riche ou pauvre, grand ou petit, jeune ou plus âgé, femme ou homme, blanc, noir ou jaune, avec ou sans emploi, le bonheur est accessible par l'utilisation de toutes nos ressources, et le développement de nos cinq sens est l'une de ces ressources que personne ne peut nous enlever.

La meilleure façon de développer nos sens consiste d'abord à expérimenter ce que serait notre vie sans eux. Le sens de la vue se prête facilement à cette expérience. J'ai personnellement tenté cette expérience à plusieurs reprises en raison de ma sœur non voyante qui suscitait chez moi un grand questionnement. Faites l'expérience dans un endroit que vous connaissez bien, votre chambre à coucher, par exemple. Placez un bandeau sur vos yeux et essayez de «voir» votre environnement avec vos autres sens. Vous réaliserez sûrement dans quel état de panique vous seriez si cet état devenait permanent, mais vous découvrirez aussi, par les sens du toucher, de l'ouïe et de l'odorat, des sensations, des bruits et des odeurs auxquels vous ne faites habituellement pas attention.

Une autre façon de développer ses cinq sens est d'accorder à chacun d'eux quelques minutes par jour en étant très attentif à ce qui se passe relativement à ce sens. Si, par exemple, vous décidez de prendre cinq minutes pour observer le sens du toucher, remarquez tout ce que vous toucherez durant cette période et essayez d'être plus conscient des sensations que cela vous procure. Si vous caressez le chien, observez la texture de son poil et l'effet ressenti par votre main en donnant cette caresse. Faites le même genre d'observations au contact d'un vêtement ou d'un crayon. Un jour, mon âme sœur m'a fait découvrir la sensualité que l'on peut éprouver simplement à manipuler une plume ou tout autre objet qui nous plaît. Les boules chinoises vendues dans plusieurs magasins peuvent être un outil efficace pour développer le sens du toucher. Un autre objet intéressant que vous pouvez vous procurer pour développer le sens du toucher est une grande plume que vous passerez délicatement sur votre visage et sur tout votre corps.

Faites la même expérience en vous servant de votre odorat, de votre ouïe et de votre faculté de goûter. Vous découvrirez un monde merveilleux et surprenant. On dit que, des goûts et des couleurs, on ne discute pas. Je vous offre quand même, dans les pages suivantes, à titre d'aide-mémoire et pour vous permettre de constater à quel point les sens jouent un rôle important dans notre vie, quelques exemples de choses magnifiques à explorer par l'univers des sens.

En lisant chacun de ces exemples, prenez la peine d'imaginer comment vous vous sentiriez si vous n'y aviez pas accès. Par exemple, une personne privée de la vue doit constamment avoir un guide pour la conduire où elle veut se rendre et ne peut jamais conduire une automobile.

Pourriez-vous imaginer toute une vie sans avoir entendu du Bach ou du Mozart, sans entendre la pluie tomber et sans entendre votre propre voix? À l'époque où il vivait avec moi, mon ex-conjoint avait l'habitude de me dire, à la blague, que la plus belle chose qui pourrait lui arriver serait de devenir sourd, ou bien que je devienne muette, car il me trouvait particulièrement verbomotrice. Eh bien, la vie a répondu à son souhait en lui permettant de vivre avec une nouvelle compagne beaucoup plus silencieuse que moi et en même temps en le rendant un peu dur d'oreille. Il faudrait maintenant savoir si mon verbiage infernal lui manque à l'occasion et s'il jouit vraiment de la diminution de son ouïe! Lui seul pourrait répondre à cette question, mais cela m'amène à réaliser encore une fois qu'il faut toujours faire attention en verbalisant nos souhaits, même à la blague, car tôt ou tard ceux-ci peuvent prendre forme dans notre vie.

Je vous ai parlé précédemment de personnes ayant perdu, à la suite d'un grave accident, le sens de l'odorat ainsi qu'une grande partie du sens du goût. Sans comprendre exactement ce que cela peut représenter puisque je ne l'ai pas vécu personnellement, je peux quand même imaginer à quel point cette épreuve doit être difficile à accepter. Le sens du goût est présent toute la journée. Dès le matin il entre en jeu lorsque nous utilisons la pâte dentifrice, puis au moins trois fois par jour à l'heure des repas, et chaque fois que nous prenons une collation ou buvons une boisson. Les amateurs de bon vin en savent quelque chose!

Observons donc quelques exemples de plaisirs auxquels nos cinq sens nous permettent d'avoir accès selon notre bon vouloir et imaginons quelle serait notre réaction si nous étions privés de ces possibilités agréables.

Le sens de la vue

❖ Se voir soi-même et voir les êtres qui nous entourent.

❖ Pouvoir se véhiculer seul.

❖ Exercer une profession qui exige le sens de la vue : chirurgien, pilote, conducteur de véhicules, cuisinier, agents de bord et bien d'autres.

❖ Contempler la nature : le ciel, les arbres, les fleurs, les plantes, les étendues d'eau, les oiseaux.

❖ Admirer l'architecture des maisons et des édifices.

❖ Voir les multiples couleurs et avoir des préférences.

❖ Voir et apprécier la forme et la couleur des vêtements.

❖ Regarder des images de toutes sortes dans les livres.

❖ Contempler les œuvres d'art dans les galeries ou les musées.

❖ Découvrir des formes animales et végétales de toutes sortes.

❖ Faire de la photo et regarder des albums de photos.

❖ Regarder les images transmises par la télévision ou le cinéma.

❖ Travailler avec un ordinateur.

❖ Conduire une automobile.

❖ Peindre, faire du dessin ou de la sculpture.

❖ Lire les notes dans un cahier de musique.

Le sens de l'ouïe

❖ Entendre sa propre voix et celle des gens qui nous entourent.

❖ Apprendre à parler.

❖ Écouter le silence en opposition au bruit.

❖ Apprendre à reconnaître tous les sons familiers : le vent, la pluie, le tonnerre, l'eau qui coule, le feu qui crépite, le chien qui aboie, le chat qui miaule.

❖ Reconnaître le chant des oiseaux.

❖ Écouter de la belle musique.

❖ Jouer d'un instrument de musique.

❖ Chanter.

❖ Écouter la radio et la télévision.

❖ Se servir d'un appareil téléphonique.

Le sens de l'odorat

❖ Reconnaître l'odeur corporelle.

❖ Apprécier l'odeur d'un petit bébé poudré.

❖ Jouir de l'arôme d'aliments de toutes sortes : herbes, épices, légumes, fruits ou viande.

❖ Apprécier le bouquet des vins.

❖ Humer les parfums de la nature : ceux des fleurs, de la forêt, de la mer, de l'herbe fraîchement coupée.

❖ Profiter de la bonne odeur d'un feu de foyer.

❖ Sentir les grands parfums et les eaux de toilette.

❖ Tirer agrément des huiles essentielles de détente.

❖ Apprécier le café fraîchement moulu et le pain maison.

❖ Humer les draps séchés au grand air.

Le sens du goût

❖ Apprécier tous les aliments et les boissons non alcoolisées comme les jus, le thé, le café et les tisanes.

❖ Déguster le vin, les apéritifs, les spiritueux et les digestifs.

❖ Distinguer le salé, le sucré, l'amer.

❖ Goûter les épices et les herbes.

❖ Se rendre compte que tout ce que l'on met dans la bouche a un goût particulier : la peau, un crayon, une tasse, un verre, une paille...

Le sens du toucher

❖ Toucher son corps et ses vêtements.

❖ Ressentir le chaud et le froid.

❖ Distinguer les différentes textures.

❖ Donner et recevoir des caresses.

❖ Donner et recevoir des massages.

❖ Ressentir la douceur d'un drap de finette.

❖ Caresser son chien ou son chat.

❖ Sentir l'eau de la douche qui coule sur le corps.

❖ Sentir le vent qui caresse le visage.

Gérard Leleu, médecin français et auteur du livre *Le Traité des caresses* (que j'ai eu la chance de rencontrer lors d'un salon du livre de Montréal), écrit ce qui suit : «On ne sait pas à quel point la peau est finement sensible. On la croit un organe sensoriel grossier, sentant vaguement les stimuli à moins qu'ils ne soient forts; ce serait le débile de nos cinq sens, tellement inférieur à l'ouïe et à la vue, les plus nobles d'entre tous. On se trompe : c'est le plus fin. Certaines zones peuvent apprécier des pressions de 2 mg ou discerner l'écartement de deux pointes de compas distantes de 1 mm. La peau peut mieux apprécier les différences de contact que l'oreille les "intervalles" entre deux notes. Si l'on soumet la peau à une vibration de fréquence rapide, elle peut détecter des interruptions de 10 millièmes de seconde.»

Le docteur Leleu est intarissable lorsqu'il parle de la peau et du sens du toucher. Dans son livre de presque trois cents pages, il nous amène à réfléchir sur cet incomparable trésor que nous possédons mais dont nous ne sommes pas toujours conscients.

J'espère avoir contribué, par mes propos, à donner un «sens» plus important à vos sens. J'espère surtout que la lecture de ces quelques pages vous permettra d'augmenter votre bien-être en étant toujours conscient de la contribution de vos cinq sens à votre qualité de vie. Je souhaite également avoir contribué à démythifier le mot sensualité pour lui redonner toute sa noblesse. Le jour où l'être humain dépasse la forme pour atteindre l'être, il est sûrement sur le chemin du bien-être.

Sensualité, sexualité et force sexuelle

Être une personne sensuelle ou s'appliquer à développer les dons de sensualité que la vie nous offre n'est pas synonyme de vie sexuelle active. Il ne faut pas confondre sensualité et sexualité. Il ne faut pas s'imaginer non plus qu'une personne active sexuellement devient automatiquement une personne sensuelle.

Il existe malheureusement un malentendu au sujet de la sensualité et de la sexualité, et plusieurs personnes ont l'impression que les deux vont nécessairement de pair. Notre culture nord-américaine du *fast food,* tant sur le plan culinaire que sur le plan affectif, n'a certes pas favorisé la rencontre de ces deux réalités pourtant compatibles et complémentaires.

Par ailleurs, l'ouverture des vingt dernières années sur ces sujets tabous a permis à plusieurs personnes en recherche de bien-être et d'équilibre de mieux comprendre la nécessité d'avoir une approche plus globale et sensuelle que simplement génitale dans leurs rapports physiques avec leurs partenaires amoureux.

Cette prise de conscience a également favorisé la réconciliation de la sexualité et du vieillissement en dénonçant les objectifs de la performance sous toutes ses formes. Se rencontrer sexuellement ne devrait pas être considéré comme un sport mais plutôt comme un art des plus raffinés dont on devient virtuose par la maturité physique, émotionnelle, psychologique et spirituelle. En effet, cette rencontre devrait représenter l'expression de sentiments délicats et profonds entre deux personnes appelées à participer à leur cheminement réciproque.

Un autre malentendu existe entre la sexualité, qui est une expression de la force sexuelle, par le biais d'un échange intime entre deux amoureux, et cette force sexuelle elle-même.

La force sexuelle d'une personne est beaucoup plus que sa vie sexuelle active. Cette force constitue en fait toute l'énergie qui habite une personne, qui la pousse à avancer, à prendre des décisions, à se réaliser dans la vie. Sans cette force, aucune œuvre artistique ou scientifique ne verrait le jour.

Vue sous cet angle, la force sexuelle nous apparaît alors comme un levier ou comme un tremplin qui nous propulse vers le haut. Évidemment, mal canalisée, cette force peut conduire quelqu'un à une vie sexuelle déséquilibrée, compulsive et avilissante.

Lorsqu'on comprend bien ce qu'est la force sexuelle, qu'on la perçoit pour ce qu'elle est exactement, on ne regarde plus d'un air condescendant ou soupçonneux une personne qui choisit de ne pas exprimer cette force par une vie sexuelle active. Toutes les formes d'expression positive de la force sexuelle sont légitimes et devraient toujours être considérées comme telles. L'important, par ailleurs, est de ne pas essayer de réprimer ou de sublimer toute pulsion sexuelle pour de faux motifs tels que des interdits religieux ou des inhibitions profondes. L'état d'abstinence et de chasteté totale, tout autant que la décision de vivre intimement avec un partenaire, doit évidemment provenir d'un choix éclairé et ne pas être le résultat d'une frustration constante. Les mauvaises unions sont plus nocives que les célibats bien assumés.

Il est également important de bien comprendre que seul le libre arbitre devrait guider une personne dans l'orientation de sa force sexuelle. Par ailleurs, en contrepartie, chaque individu doit assumer pleinement la responsabilité de ses choix et ne pas accabler les personnes avec lesquelles il décide de cheminer pour apprendre à se connaître.

La rencontre d'une personne avec une autre, sur le plan sexuel, n'est pas une garantie d'engagement. Notre culture et l'approche de certaines religions ont pourtant transmis, pendant de nombreuses années, cette mauvaise conception, qui a créé beaucoup d'illusions et de déceptions chez quantité de gens. Plusieurs personnes croient encore, à tort bien sûr, que le fait d'accepter de partager l'intimité physique et sexuelle avec un partenaire créera chez ce partenaire un désir et une volonté d'engagement. Or, c'est très souvent l'effet opposé qui se produit lorsque deux personnes n'ont pas pris le temps de se connaître et de parler de leurs projets réciproques avant d'avoir des rapports sexuels.

L'évolution en ce domaine a heureusement renversé la vapeur. Mais nous avons maintenant une conception tellement permissive de la vie sexuelle, sans aucune restriction, que plusieurs jeunes sont aujourd'hui désabusés en ce qui concerne les rapports sexuels. Il semble que la révolution sur le plan sexuel ait dépossédé beaucoup de jeunes de l'idéal qui les habite au tout début de l'adolescence.

À mon avis, la solution consiste à donner une information adéquate et à inculquer à chaque individu le sens de la responsabilité de ses actes. En effet, si une personne comprend dès son jeune âge ce que représente la force sexuelle, elle n'aura pas tendance à dilapider ce trésor précieux en le confinant à la seule forme d'expression qu'est l'intimité physique avec un partenaire. Cette personne pourra également faire délibérément le choix de réserver cette intimité à des êtres privilégiés qu'elle aura pris le temps de connaître suffisamment avant de poursuivre dans cette voie.

Je me souviens de l'approche très fine et des plus sensées qu'avait ma mère à ce sujet. Elle ne m'a jamais parlé de péchés ou de fautes relativement à la sexualité, mais elle m'a fait comprendre que chaque âge avait son charme. Pour elle, brûler les étapes et vivre trop jeune des expériences sexuelles avait pour effet de priver les personnes en cause de plusieurs autres plaisirs préalables à cette étape, qui nécessite plus de maturité. Avec une telle approche positive, un jeune a plutôt tendance à vouloir vivre pleinement chacune des étapes, avec tout ce qu'elle a de beau, que de vouloir vivre prématurément des expériences qu'il pourra vivre plus tard, de toute façon, et desquelles il pourra très certainement retirer plus de satisfaction physique et psychologique puisqu'il sera plus mûr.

Il faut cependant admettre que l'équilibre entre toutes les forces et les pulsions présentes tant dans notre âme que dans notre corps n'est pas facile à atteindre. Les personnes carencées éprouvent encore plus de difficultés dans cette sphère de leur vie parce qu'elles cherchent tellement à recevoir de l'amour et de l'attention qu'elles ont tendance à confondre ces besoins à combler avec le véritable choix d'aimer une personne et de vouloir être intime avec elle. Pour la personne en manque d'amour et qui n'a pas réussi à devenir son propre parent, tout peut facilement être confondu : le besoin d'être écouté, d'être aimé, d'être caressé et le besoin d'avoir un rapport sexuel se retrouvent souvent dans le même sac d'émotions. Pas étonnant que tant de couples se retrouvent, après quelques années, au bord de la rupture et que plusieurs ne passent pas à travers cette épreuve.

La clé réside bien sûr dans la rencontre de deux personnes ayant travaillé sur elles-mêmes et s'étant libérées de toute forme de dépendance affective. C'est le grand défi de notre époque, mais nous avons heureusement beaucoup d'informations à ce sujet.

Le livre *Ces femmes qui aiment trop,* de Robin Norwood, a permis à plusieurs personnes, hommes et femmes, de se rendre compte de la présence de cette dépendance affective dans leur vie et de leur incapacité à s'engager véritablement dans un rapport amoureux sain et épanouissant. Le succès grandissant de toutes les thérapies de libération émotionnelle, la mise sur pied de groupes d'entraide pour soutenir les «adultes-enfants» issus de familles dysfonctionnelles ainsi que la création de divers autres groupes d'aide (pour ceux qui ont une dépendance à l'alcool, à la drogue, au sexe...) démontrent bien que notre société évolue dans ce domaine.

Certains ouvrages, comme *Le Chemin le moins fréquenté,* de Scott Peck, ou encore *La Prophétie des Andes,* de James Redfield, proposent une vision idéale du couple et de la société en général. Pour ma part, je garde comme livre de chevet et relis régulièrement *Message du Graal,* d'Abd-ru-shin, qui contient à mon avis une des visions les plus complètes et les plus justes de ce que devrait être le rapport amoureux entre deux êtres humains soucieux d'évoluer spirituellement.

Le Choc amoureux, du sociologue italien Francesco Alberoni, est également un ouvrage que je relis régulièrement et que je trouve toujours aussi intéressant à chaque nouvelle lecture.

Ce qui me fascine notamment dans ce dernier livre, c'est la notion de projets que l'auteur considère comme fondamentale dans le maintien du couple. Selon Alberoni, le couple ne peut demeurer, en soi, le projet, bien qu'on ait souvent tendance à le croire au début d'une relation.

Mais quelles que soient les solutions proposées, on retrouve toujours un dénominateur commun sans lequel tout est voué à l'échec. Ce dénominateur est tout simplement le fait que chaque personne doit s'investir pour apprendre à se connaître et travailler à devenir libre de toutes dépendances malsaines.

Aujourd'hui, l'idée de bâtir un couple stable et serein sans ce travail de base m'apparaît impossible à réaliser. Il en est de même pour la sexualité. Il ne faut pas espérer rencontrer le partenaire idéal qui nous conduira à la plénitude sexuelle et spirituelle. Il faut tout simplement devenir soi-même un être spirituel et indépendant, bien utiliser sa force sexuelle dans l'accomplissement de sa «légende personnelle», et le reste vient par surcroît. En voulant mettre la charrue avant les bœufs, comme disait mon grand-père, on empêche à coup sûr les bœufs d'avancer.

Le travail permettant de devenir soi-même quelqu'un de complet et de solide avant de penser pouvoir bâtir un couple ne se fait pas en criant ciseaux. Le chemin peut varier d'une personne à une autre, et le résultat dépend beaucoup plus de l'investissement personnel que de l'approche choisie.

Pour ma part, j'ai franchi plusieurs marches avant d'être ce que je suis aujourd'hui. Puis-je prétendre être totalement libérée de la dépendance affective, avoir guéri et cicatrisé toutes mes blessures émotionnelles, et affirmer ne plus souffrir de carences liées à l'enfance? Je ne le crois pas, et pourtant la différence entre la Michèle d'il y a vingt ans et celle d'aujourd'hui est à ce point importante que j'ai toujours l'impression de rajeunir et de me sentir plus légère à chacun de mes anniversaires de naissance. Au moment où j'écris ces lignes, il est presque minuit et dans quelques secondes j'aurai quarante-huit ans. Quel soulagement d'avoir réussi, avant d'atteindre ma cinquantième année, à ne plus avoir besoin d'un respirateur artificiel pour goûter à la vie! Ce respirateur symbolique, c'était le besoin d'être approuvée en tout temps, de me faire dire à quel point on m'aimait et, bien sûr, de ne pas vivre seule.

Aujourd'hui, je vis seule depuis presque deux ans et je prends soin de moi comme une maman prend soin de sa petite fille. J'ai enfin compris que la solution devait passer par là : je devais apprendre à m'aimer, à accueillir l'enfant en moi et à ne plus attendre cet état fusionnel avec un autre être quel qu'il soit.

L'aspiration à une vie à deux, stable et sereine, demeure encore un idéal à atteindre, auquel je n'ai pas renoncé. Par contre, je réalise que le ciel ne me tombe pas sur la tête parce que je n'ai pas quelqu'un pour me passer le pot de beurre d'arachide à chaque déjeuner ou pour m'aider à passer l'aspirateur le samedi matin. Je vis une relation qui ressemble à la vie et à ce que je suis, c'est-à-dire imparfaite. Mais en même temps, cette relation est parfaite pour me faire cheminer dans la non-dépendance affective puisqu'elle est le résultat d'un choix libre et quotidien, et qu'elle a le don de me déstabiliser complètement par rapport à mes vieux *patterns*. Je risque tout avec cette relation, sauf de retomber dans le piège de la dépendance et du syndrome de la conquête du père absent.

Je vous ai déjà parlé de ma technique de programmation du subconscient, et je tiens à vous redire à quel point cette approche m'a soutenue dans toutes les phases de ma vie. Par ailleurs, je constate que cette technique n'aurait pu, à elle seule, me libérer complètement de la dépendance affective. Il m'a fallu prendre ce chemin dont parlent plusieurs thérapeutes et auteurs, et qui consiste à retrouver l'enfant en soi. Ayant entrepris ce travail tout simplement en écoutant les propos de mon frère Louis, qui est de loin le plus grand spécialiste de la question que je connaisse et qui a aidé plusieurs personnes à faire cette démarche, j'ai ensuite mis en pratique tous ses conseils et effectué religieusement tous les exercices qu'il m'a suggérés.

Retrouver l'enfant en soi

Les écrits sont abondants sur l'importance de se réconcilier avec l'enfant en soi et je n'ai pas l'intention, dans ces quelques pages, de reprendre intégralement l'ensemble des informations relatives à ce sujet.

Il m'apparaît important, par ailleurs, d'apporter quelques précisions sur la question en me basant sur ma propre expérience, en espérant par la même occasion provoquer chez vous la motivation suffisante pour passer à l'action. En effet, j'ai constaté, en lisant les nombreuses lettres que vous m'avez fait parvenir à la suite de la publication de *Pourquoi pas le bonheur ?*, que ma façon de communiquer suscite souvent chez le lecteur le goût d'essayer. C'est probablement dû au fait que je raconte mon propre vécu alors que d'autres auteurs se limitent à exposer l'aspect théorique des questions abordées ou citent des exemples vécus par leurs patients ou amis.

L'une des précisions que je veux donner concerne la notion de décodage, que j'ai abordée dans mon premier livre. Ce décodage a été, en fait, ma première démarche de ménage du subconscient et de toutes les entités négatives accumulées depuis le moment de ma conception. Cette façon de nettoyer le passé m'avait été inspirée par un rêve au cours duquel j'avais effectué une régression et à la suite duquel je m'étais sentie très légère et libérée d'un grand poids. Réalisant que chaque personne ne pouvait pas vivre la même expérience que moi, j'ai donc conçu le décodage, qui consiste en une programmation de vingt et un jours ayant pour but de se débarrasser des blocages ancrés au plus profond de soi depuis le moment de notre conception. Cette méthode a apporté des résultats concrets à des milliers de lecteurs et lectrices qui en ont ressenti des effets bénéfiques et qui ont aussi, grâce à cette programmation, fait des prises de conscience intéressantes sur des étapes de leur vie.

Partant de cette réalité et convaincue que le passé ne pouvait plus me nuire, j'ai donc poursuivi avec succès ma démarche d'utilisation de la programmation pour s objectifs divers tout en continuant de rt de vivre heureuse par la pensée positive.

rapidement constaté que le décodage, malgré sa grande efficacité, n'avait pas atteint tous les aspects de mon être. J'ai pu confirmer, au fil des ans, que le décodage est un outil merveilleux pour guérir notre physique et notre mental, et qu'il peut effectivement nous faire remonter dans notre passé à partir du moment de notre conception. Mais il existe également toute une mémoire émotionnelle à laquelle, pour ma part, le décodage ne semblait pas avoir touché. Pour certaines personnes, le décodage s'est avéré utile comme moyen de travailler aussi la mémoire émotionnelle, mais la majorité des personnes avec lesquelles j'ai discuté de ce sujet m'ont avoué avoir été obligées d'approfondir leur démarche par un nettoyage émotionnel «complémentaire» à ce décodage.

Pourquoi le ménage des émotions est-il plus ardu et plus long pour certaines personnes que pour d'autres? Cette question m'amène à une autre précision, pour vous aider à déterminer si vous faites partie de cette catégorie de personnes. Les personnes ayant le plus de difficulté à être heureuses de façon toute simple et qui souffrent le plus du mal-être sans raisons apparentes sont celles qui souffrent de ce qu'on appelle la «dépendance affective».

Vues de l'extérieur, ces personnes semblent avoir tout ce qu'il faut pour réussir dans la vie et pour réussir leur vie. Elles ont belle apparence, jouissent souvent d'une intelligence supérieure, réussissent leurs études, se décrochent facilement un emploi, possèdent des talents et ont développé l'art de plaire. Par ailleurs, vues de l'intérieur, ces mêmes personnes souffrent d'angoisse chronique, sont compulsives, recherchent l'amour avec frénésie et sont habitées par une grande nostalgie. Elles-mêmes ne comprennent pas pourquoi elles ont de la difficulté à accéder au bonheur.

Le jour où j'ai enfin admis que je souffrais de dépendance affective malgré tout ce que je réussissais à obtenir par la programmation du subconscient, j'ai aussi réalisé que je ne vivais pas encore pleinement le bonheur. J'avais réussi à survivre à ma détresse et j'entretenais l'illusion que je n'avais plus besoin de travailler à la guérison de mes carences passées. Les étapes parcourues furent quand même très importantes dans mon cheminement et ont contribué, comme je l'ai déjà mentionné, à diminuer une foule d'irritants, rendant, par le fait même, ma vie beaucoup plus reposante et agréable. Mais qui se contenterait de survivre au lieu d'apprendre à vivre pleinement? Qui accepterait d'investir dans l'art de ne pas être malheureux plutôt que de faire le choix de s'exercer à l'art d'être heureux? Certainement pas moi, je m'en confesse et m'en réjouis!

Vous vous demandez sans doute comment je suis ainsi arrivée, après avoir tant écrit et tant parlé au sujet du bonheur, à constater que je souffrais de dépendance affective et comment j'ai enfin pu me libérer de cette dépendance.

La prise de conscience de mon état de dépendance affective s'est d'abord effectuée par le symptôme de l'angoisse. Cette angoisse se manifestait surtout la nuit ou aux petites heures du matin, mais parfois le jour également, par une pression à la hauteur du sternum. Cette manifestation physique de l'angoisse s'accompagnait d'un sentiment incroyable de peur et de panique qu'aucune raison précise n'expliquait. Cette grande insécurité me glaçait jusqu'aux os et me précipitait dans un genre de ravin dont je n'arrivais pas à voir le fond. J'avais alors le sentiment que toutes mes luttes pour le bonheur étaient vaines et que la mort était la seule issue pour échapper à cette profonde souffrance morale.

Cet état de mal-être était incontrôlable et se manifestait au moment où je m'y attendais le moins. Je n'y pouvais rien et je tentais d'y survivre en le combattant par l'action. À cette époque, j'ignorais qu'en combattant cet état je combattais en fait cette partie de moi-même qui avait été rejetée dès la plus tendre enfance et qui voulait enfin être accueillie pleinement. Je me jouais donc un très mauvais tour en tombant dans le piège des mécanismes de défense. Il faut bien admettre, cependant, que c'était la seule façon que connaissaient les autres parties de mon être pour survivre, justement, à ce rejet.

Ma difficulté à établir une relation de couple saine et durable a été le deuxième indice à me faire constater que je souffrais bel et bien de dépendance affective. La programmation du subconscient ne me faisait jamais faux bond et m'amenait toujours sur un plateau d'argent des compagnons de route intéressants et intéressés à me fréquenter. Par contre, ces relations finissaient toujours par «tourner au vinaigre» parce que, d'une part, elles étaient basées sur une attirance réciproque entre enfants blessés et non guéris plutôt que sur des affinités plus profondes et un désir d'engagement, et que, d'autre part, les acteurs de ces relations, dont moi-même, n'étaient pas en mesure de comprendre l'art d'aimer puisqu'ils n'avaient jamais eu de modèles pour les inspirer et n'avaient pas pris conscience de leur propre dépendance affective.

Toutes ces relations (à l'exception de la dernière, qui se distingue des autres parce qu'elle était initialement basée sur l'affinité des âmes) ont finalement eu pour but ultime de recréer la relation initiale avec mon père, ou même avec mes deux parents, desquels j'avais ressenti une forme de rejet dès mon arrivée dans cette vie. Le défi, sous-jacent et inconscient, était de faire une fois pour toute la conquête de ces parents, de me prouver que j'étais importante, que j'avais une valeur certaine et que, somme toute, j'étais digne d'être aimée.

Ce long périple, parsemé d'insécurité, de colères injustifiées, de repentirs pathétiques, de bouderies interminables, d'attentes insatisfaites et d'expériences sexuelles non épanouissantes parce que immatures, aurait pu ne jamais se terminer si je n'avais pas réussi à me libérer de la dépendance affective. Marie-Lise Labonté, dans son livre *Rencontre avec les anges,* explique qu'il existe deux types d'âmes sœurs : celles de désintoxication et celles d'évolution spirituelle. Les âmes sœurs de désintoxication sont souvent mises sur la route de gens affectivement dépendants parce qu'elles les obligent à prendre conscience de leurs carences profondes et entraînent de telles confrontations entre les egos des personnes en présence l'une de l'autre que celles-ci doivent finalement évoluer ou se quitter. Comme on dit souvent : ça passe ou ça casse !

Inversement, l'âme sœur d'évolution spirituelle est celle qui nous fournit l'occasion de grandir et de devenir enfin nous-mêmes. La rencontre d'une telle personne occasionne un profond bouleversement; elle permet toutefois d'apprendre à ouvrir son cœur et de prendre enfin, sans peur et sans regret, le risque d'aimer véritablement.

Par ailleurs, lorsque nous vivons quelques ruptures, et surtout au tout début de notre vie, nous n'avons pas tendance à nous remettre en question. Nous décodons plutôt notre difficulté à vivre harmonieusement avec un partenaire en rejetant la faute sur l'autre, «qui ne nous a pas compris», ou en invoquant des circonstances extérieures qui ont nui au couple, comme le manque d'argent, la famille de l'un ou de l'autre, la maladie, etc. Mais après plusieurs expériences similaires, la vraie question fait surface : et si une partie du problème était due à mes propres «bibites»?

Finalement, ma tendance à vivre compulsivement a été le troisième indice assez percutant pour m'aider à faire la prise de conscience de ma dépendance affective. Sans trop m'en rendre compte, je passais d'une activité à une autre en m'embarquant chaque fois très intensément; et, pour me donner bonne conscience, j'expliquais ces excès de zèle sportifs ou autres en me disant qu'ils provenaient tout simplement de mon caractère passionné et intense.

Cette tendance à être compulsive m'a également permis de toucher au fait que je présentais tous les symptômes d'une personne ayant été victime d'abus sexuels. Je tiens à préciser ici que l'abus sexuel prend des formes très diverses d'un vécu à un autre et qu'il est démontré que les abus uniquement psychologiques et moraux sont aussi réels et nocifs que des abus physiques aussi graves que l'inceste. Tout est dans la perception de l'enfant qui s'est senti abusé.

Mais dans tous les cas, un cercle vicieux émotionnel s'inscrit dans cet enfant qui se sent abusé, refoulant au plus profond de lui l'enfant «sain et heureux» pour faire place à un enfant «adapté, malheureux et angoissé» même s'il semble bien s'intégrer dans la vie et être épanoui. Par la suite, l'adolescent et l'adulte reproduisent ce cycle émotionnel tant et aussi longtemps que l'enfant sain n'aura pas la chance d'être entendu, accueilli, respecté et aimé.

La connaissance de ce cycle émotionnel m'a été transmise par mon frère Louis. Je vous le décris ici sommairement afin que vous preniez conscience de sa trame psychologique et que, si vous le reconnaissez dans votre comportement, vous soyez en mesure, par une approche toute simple dont je parlerai un peu plus loin, d'y mettre fin.

Cycle émotionnel d'une personne ayant été victime d'abus sexuels

La peur. L'enfant ressent d'abord de la peur au contact de l'adulte qui ne le respecte pas et abuse de lui sexuellement par une parole, un regard ou un toucher.

L'impuissance. L'enfant est entraîné dans cette dynamique contre son gré, mais il n'a pas la force de résister.

Le chagrin ou la peine. L'enfant ressent une grande peine parce qu'il a fait quelque chose de mal qu'il ne voulait pas faire.

La colère. À la peine succède une grande colère de ne pas avoir été respecté.

La honte. À la colère succède la honte, car l'enfant sain sait que ce qu'il a été amené à faire n'était pas bien puisqu'il a la notion du bien et du mal. Il se sent donc complexé et imparfait.

La culpabilité. L'enfant abusé sexuellement se sent coupable d'être ce qu'il est parce qu'il réalise qu'il a été utilisé comme un objet au lieu d'être considéré comme un sujet. Il se sent également coupable d'avoir participé à l'acte et peut-être même d'en avoir ressenti une certaine jouissance physique ou psychologique (en ayant reçu de l'attention).

La peur émotionnelle. À la suite de toutes ces émotions, c'est la peur qui revient en force et qui amène l'enfant à se laisser abuser à nouveau parce qu'il ne veut pas être rejeté.

En raison de ce cycle infernal, l'adulte qui a été victime d'abus sexuels dans son enfance ne peut éprouver un plaisir réel et sain avec un partenaire, même lorsque l'expression de sa sexualité et de sa sensualité se fait dans un contexte normal et légitime. Toutes les personnes souffrant de dépendance affective n'ont pas nécessairement été abusées sexuellement, mais tous les abusés sexuels deviennent immanquablement des dépendants affectifs. Ils font tout pour être aimés, mais n'ont jamais accès à cet amour, ni même au plaisir et à la détente, que peut apporter une vie sexuelle et affective saine.

Vous comprenez, maintenant, à quel point la dépendance affective est une entrave au bien-être et à la réalisation de soi. Il est donc important de faire tout en notre pouvoir pour nous en défaire en prenant contact avec notre enfant intérieur et en devenant le parent attentif et aimant de cet enfant. Et sachez que personne ne peut vous remplacer auprès de votre enfant intérieur et que c'est seulement après avoir effectué la symbiose avec lui que vous vous libérerez de l'angoisse et de la panique sans fondement qui vous hantent au fil des jours et surtout des nuits.

Un très bon livre sur cette question, et que je vous recommande sans hésitation, est *Retrouver l'enfant en soi,* de John Bradshaw. Vous y trouverez une série d'exercices efficaces pour établir le contact avec votre enfant intérieur et pour renforcer la confiance de ce dernier en votre engagement inconditionnel à l'aimer et à en prendre soin.

Je vais moi aussi vous proposer des exercices tout simples mais qui, effectués avec constance et persévérance, viennent à bout de l'enfant adapté le plus résistant. L'enfant adapté est celui qui a érigé des pièges et des mécanismes de défense pour survivre au fait que des besoins fondamentaux (par exemple, le besoin de se sentir aimé, celui d'être accueilli dans toutes ses émotions, comme la peur, la colère, la peine et même la joie, ou celui d'être sécurisé) n'ont pas été comblés par les personnes qui avaient le devoir et la responsabilité de les combler. Précisons cependant que ces personnes n'ont probablement pas agi délibérément, étant elles-mêmes carencées et donc incapables de véritable amour envers leurs enfants.

Il faut comprendre qu'en décidant, comme adulte, de prendre contact avec notre enfant sain et de lui laisser sa place dans notre vie nous condamnons l'enfant adapté à disparaître. Or ce dernier ne se laisse pas remplacer facilement, je peux en témoigner. Ainsi, il continue à transmettre constamment à l'enfant sain toutes sortes d'idées pour nourrir sa méfiance à l'endroit de l'adulte ; et comme cet enfant sain n'a jamais fait l'expérience de l'amour inconditionnel qu'on a à lui offrir, il est très fragile, vulnérable et influençable.

Pendant un certain temps, vous devez donc être prêt à composer avec les deux personnages présents en vous. Vous devez entrer en contact avec l'enfant sain, reconnaître son existence, accueillir ses émotions au moment qu'il choisit de vous les manifester, l'assurer de votre amour inconditionnel, lui offrir toute la place qui lui revient. Vous devez aussi, simultanément, dialoguer avec l'enfant adapté, le remercier de vous avoir permis de survivre grâce à tous ses mécanismes de défense, et lui permettre de s'exprimer sans toutefois tomber dans ses pièges. Les premières fois que mon frère Louis m'a parlé de cette approche, j'ai pensé qu'il était schizophrène. Ce n'est qu'en l'expérimentant moi-même que j'en ai compris le véritable fondement.

Ne sachant pas trop par quoi commencer pour vivre cette expérience, j'ai tout simplement pris une feuille blanche sur laquelle j'ai écrit : «Petite Michèle, je t'aime.» Puis j'ai noté chacune des étapes de la vie (fœtus, nourrisson, petite enfant, enfant, adolescente et adulte), suivie de mon prénom, et j'ai écrit que j'aimais cet être à tous les stades de sa vie. Par exemple : «Fœtus Michèle, je t'aime.» Vous ne pouvez vous imaginer à quel point cet exercice très simple peut avoir des répercussions importantes sur tout le restant de votre vie.

Au fil des mois (en général, un travail de ce genre qui est bien fait dure environ six mois), j'ai répété mentalement ces mots, «Petite Michèle, je t'aime», des milliers de fois. En auto, en vélo, en faisant de la marche, en me couchant le soir, et surtout la nuit lorsque je ressentais de la peur ou de l'insécurité. J'ai aussi pris l'habitude de me frictionner vigoureusement au niveau du plexus solaire, justement à cet endroit où je ressentais une angoisse m'assaillir au moment où je m'y attendais le moins.

De plus, j'ai suivi très rigoureusement les conseils de mon frère en supprimant le plus possible de ma vie, au cours de cette période, toutes formes de substances qui pourraient me distraire de mon but. Par exemple, si je m'éveillais la nuit, au lieu d'aller me chercher quelque chose à boire et à manger, je choisissais d'investir du temps pour reprendre ma conversation avec la petite Michèle en lui demandant de me parler, de me livrer ses peines et ses colères. J'ai souvent eu des réponses par le biais de rêves qui m'ont révélé plusieurs énigmes de ma vie.

En effet, ce travail effectué avec persistance m'a permis de réaliser que j'avais été victime d'abus sexuels, à un très jeune âge et sur une période de plusieurs années, mais j'ai aussi compris que les événements, ainsi que leurs acteurs, n'étaient pas vraiment importants. La démarche conduisant à une libération émotionnelle consiste davantage à reprendre contact avec les émotions ressenties lors des événements qu'avec les événements eux-mêmes. Identifier ses abuseurs, revivre «intellec-tuellement», par l'hypnose ou par un processus de *rebirth,* ces événements au cours desquels on a été victime d'abus sexuels ne règle pas le problème. Par contre, identifier et accueillir les émotions ressenties par l'enfant au cours de cette période de sa vie est vraiment la clé pour se nettoyer à tout jamais de ces souvenirs émotionnels que l'on traîne comme des boulets aux pieds.

Au cours de cette démarche, si je ressentais, par exemple, des pulsions sexuelles non opportunes, je les considérais comme une autre occasion d'entrer en contact avec la petite Michèle saine et de la rassurer. Dans de tels cas, on explique à l'enfant en soi qu'il avait le droit et a toujours le droit de ressentir du plaisir. Ensuite, on le déculpabilise, en lui disant qu'à l'époque où il a vécu des rejets ou des abus sexuels, ce n'était absolument pas ce dont il avait besoin. En effet, la normalité aurait commandé que l'adulte lui procure tendresse et affection, et non des plaisirs d'ordre sexuel. On lui dit enfin que, désormais, on va lui procurer cette affection dont il avait besoin et dont il a encore besoin maintenant. On assure cet enfant en nous de notre amour inconditionnel. On lui dit qu'il n'est aucunement responsable, qu'il a été entraîné dans une activité sexuelle dont il n'avait pas besoin et que nous allons rétablir la normalité. On peut aussi demander à l'enfant de nous amener voir la ou les personnes qui ont abusé de lui pour lui laisser la possibilité d'exprimer à ces personnes ce qu'il aurait eu envie de dire au moment où il a subi les abus.

Ce travail constant, que vous accomplirez avec patience et amour, peut vous libérer entièrement de toutes formes de carences émotionnelles passées et vous conduire à une vie affective et sexuelle tout à fait épanouie.

Les manifestations de l'enfant se produisent plus fréquemment lorsque nous entrons en interaction avec notre conjoint plutôt qu'avec de simples connaissances parce que, avec ces dernières, nous portons le plus souvent des masques qui cachent nos véritables émotions. Par contre, les émotions manifestées avec notre conjoint sont souvent hors de proportion avec les événements vécus aujourd'hui.

Voici un bon exercice à effectuer durant la période où l'on recherche l'enfant en soi : il s'agit d'observer chaque moment d'émotion intense (colère, peine ou insécurité), de faire un effort mental pour se détacher du moment présent et d'essayer d'entrer à nouveau en contact avec cet enfant pour comprendre ce qui l'a amené à se manifester ainsi et dans des circonstances qui ne justifient pas un tel comportement de la part d'un adulte. Si, par exemple, votre conjoint ne semble pas écouter ce que vous lui racontez et que vous devenez très anxieux et colérique en vous imaginant qu'il ne vous porte aucun intérêt et ne vous respecte pas, au lieu de vous dire qu'il est peut-être tout simplement fatigué et préoccupé, essayez de voir si cette situation ne serait pas la répétition de ce que vous avez vécu des centaines de fois avec votre père ou votre mère.

Si vous souffrez d'une jalousie maladive chaque fois que votre partenaire s'intéresse à quelqu'un d'autre, que vous dormez mal lorsque vous avez à passer quelques jours seul à la maison, que vous vous sentez souvent incompris et non respecté de la personne qui partage votre vie, que vous avez de la difficulté à écouter cette personne sans l'interrompre et argumentez sans cesse avec elle, vous souffrez probablement de dépendance affective. Il se peut qu'effectivement cette personne ne vous comprenne pas et vous manque parfois de respect, mais le simple fait que vous ayez choisi cette personne pour cheminer vous indique clairement que vous vous êtes placé en situation de revivre inlassablement tous les rejets de votre enfance sans pour autant réaliser votre grand rêve d'être aimé par vos parents. Ce temps est passé et il ne peut revenir. Comme je vous l'ai déjà mentionné, la seule façon de vous en sortir maintenant est de devenir vous-même ce parent attentif et bon sur lequel vous pourrez toujours compter.

Lorsque vous aurez commencé à déblayer le terrain, prenez une feuille blanche et un crayon, et identifiez de façon spécifique chacune des émotions qui vous habitent, soit la colère, la peine, la peur et la joie. Par la suite, prenez le temps d'accueillir chacune d'elles et d'en apprécier la validité.

La colère est légitime lorsqu'elle se présente parce que vous vous respectez et voulez vous faire respecter. La peine s'explique parce que le besoin de votre enfant intérieur d'obtenir de l'attention et de l'affection n'est pas comblé. Arrêtez-vous et prenez quelques minutes de votre temps pour satisfaire ce besoin. La peur dénote la présence de l'instinct de conservation qui vous permet de survivre aux traumatismes et aux dangers que vous avez dû traverser avant de devenir adulte. Rassurez votre enfant intérieur, dites-lui que maintenant vous êtes là et que les dangers sont disparus et ne pourront plus vous atteindre.

Quant à la joie, vous n'y aurez vraiment accès qu'une fois les autres émotions bien identifiées et accueillies. Mais cette joie sera si intense et si réconfortante que vous comprendrez enfin l'expression courante «je déborde de joie».

Une fois cette démarche terminée, utilisez la même approche en identifiant cette fois vos sentiments négatifs, comme la honte, la culpabilité, l'impuissance et la peur d'être rejeté. Puis, accueillez ces sentiments pour vous permettre, ensuite, de vous en libérer définitivement. La guérison totale ne se produira pas d'un seul coup, comme si vous aviez utilisé une baguette magique, et vous aurez parfois l'impression de subir des rechutes. Ne vous découragez pas, cependant, car je sais, par expérience, que ces moments de faiblesses ne sont que de «petites saucettes en enfer», comme dit mon frère, qui ont pour but de renforcer notre désir de nous sortir définitivement de la dépendance affective.

Et tout à coup, vous aurez vraiment la certitude que vous êtes guéri. Vous aurez alors accès à des sentiments positifs comme la paix, la sérénité, le calme et l'amour véritable.

La démarche de reprendre contact avec notre enfant intérieur nous permet aussi d'identifier les quatre besoins fondamentaux de tout enfant, soit le besoin de *sécurité*, le besoin d'*identité*, le besoin d'*estime de soi* ainsi que le besoin d'*aimer et* d'*être aimé*. J'aborde plus longuement ces quatre besoins dans une autre section de ce livre, mais sachez dès maintenant que, pour être comblés, ces besoins nécessitent l'intervention d'une personne extérieure lorsque nous sommes enfants, mais qu'ils doivent être entièrement comblés par la personne elle-même lorsqu'elle est arrivée à l'âge adulte.

La démarche de retrouver l'enfant en soi et de devenir son propre parent est à ce point importante et profonde qu'elle pourra même vous faire cheminer grandement en regard du vieillissement et de la mort. En effet, à partir du moment où on atteint une sécurité émotionnelle et une sérénité que personne ne peut nous enlever parce qu'elles proviennent de nous-mêmes, nous acceptons beaucoup plus facilement les réalités que sont le vieillissement et la mort. Inversement, les personnes qui ont refusé d'aller à la rencontre de leur enfant intérieur et qui restent bloquées avec leurs carences non résolues se voient souvent condamnées à vivre de grandes souffrances morales à partir de la quarantaine. Elles peuvent même, plus tard, devenir séniles et souffrir de maladies graves, comme la maladie d'Alzeihmer dont on parle tant aujourd'hui. C'est la thèse que soutiennent certains chercheurs dans le domaine de la santé mentale. Il ne faudrait cependant pas conclure que tous les cas de maladie d'Alzeihmer peuvent s'expliquer ainsi; il s'agit tout simplement d'être vigilant quant à sa propre vie et de mettre toutes les chances de son côté d'avoir une fin de vie lucide et heureuse.

La présence d'une composante psychosomatique dans l'apparition de malaises physiques plus ou moins graves ne fait plus de doute aujourd'hui. Cela n'exclut pas la présence de virus ni de causes héréditaires à certaines maladies. Par ailleurs, chaque personne a tout intérêt à bien observer ses comportements et ses pensées avant de prétendre n'avoir aucune responsabilité en regard de ses maux physiques. Pour explorer cette vision de nos malaises physiques, je vous encourage à lire le magnifique ouvrage *Métamédecine* écrit par mon amie Claudia Rainville qui œuvre depuis plusieurs années dans ce domaine et dont l'expertise est reconnue mondialement. Ayant elle-même souffert de dépendance affective et de plusieurs maladies qu'elle a réussi à surmonter par l'approche de la métamédecine, elle a aidé un grand nombre de personnes à se libérer d'une telle dépendance et de jouir enfin d'une bonne santé.

Dans *Le Traité des caresses,* dont je vous ai déjà parlé, le docteur Gérard Leleu mentionne, à titre d'exemple, que plusieurs personnes souffrant de carences affectives parce qu'elles ne reçoivent pas assez de tendresse somatisent fréquemment ce manque par des maladies de la peau comme l'eczéma ou le psoriasis. Chez certains enfants, on a aussi observé des réactions psychosomatiques se traduisant par des otites répétées, des allergies de toutes sortes ou des problèmes de propreté. Encore une fois, il ne faut pas sauter trop rapidement aux conclusions et poser un diagnostic de «mal aimé» lorsqu'un enfant présente de tels problèmes. Il faut peut-être tout simplement ajouter au traitement traditionnel des symptômes physiques une approche plus globale qui considère tout à la fois les besoins affectifs de l'enfant et ses besoins d'hygiène corporelle.

Tant chez l'adulte que chez l'enfant, le corps parle. Il nous parle de nos émotions, de nos manques, de nos carences et de nos attentes d'enfant blessé.

Retrouver l'enfant en soi est donc un défi à relever. Il est facile d'accès mais difficile à vivre, en ce sens qu'il vous amènera à vivre et à revivre, tant que vous n'aurez pas complété le processus, des souffrances égales ou même supérieures à celles que vous avez ressenties lorsque vous étiez cet enfant. Ce n'est qu'à ce prix que vous réussirez. Il y aura des pleurs, des craintes de ne pas survivre et des découragements. Mais, croyez-en mon expérience et le témoignage de milliers d'autres personnes qui ont réussi à traverser ce tunnel, chaque pas est irréversible et vous conduit vers la liberté et l'indépendance affective.

Une fois le tunnel franchi, vous ne verrez plus la vie avec le même regard. En étant en symbiose avec vous-même, vous retrouverez le sentiment d'omnipuissance du fœtus relié à sa mère. Les peurs et les colères ne dureront que quelques minutes tout au plus, l'insécurité disparaîtra pour faire place à la confiance puisque vous ne serez plus jamais seul, et l'amour inconditionnel de vous-même vous donnera accès à l'amour véritable sous toutes ses formes.

*J'étais vraiment insupportable par
ma trop grande sensibilité ; ainsi,
s'il m'arrivait de faire involontairement
une petite peine à une personne que j'aimais,
au lieu de prendre le dessus et de ne pas
pleurer, ce qui augmentait ma faute au lieu
de la diminuer, je pleurais comme une
Madeleine et lorsque je commençais
à me consoler de la chose en elle-même,
je pleurais d'avoir pleuré.*

SAINTE THÉRÈSE DE L'ENFANT-JÉSUS,
Manuscrits autobiographiques.

3

Apprivoiser la souffrance

POURQUOI parler de la souffrance dans un livre traitant du bonheur et de la joie? Tout simplement parce que la souffrance fait partie des expériences qu'un être humain doit traverser pour parvenir à jouir entièrement de sa liberté et pour accéder au bien-être. Pour l'un, ce sera la souffrance physique, pour un autre, la souffrance morale ou émotionnelle, mais chacun d'entre nous, je vous l'assure, a sa dose de souffrance à prendre.

Que faire avec cette souffrance? On aurait tendance, de prime abord, à penser qu'il faut fuir la souffrance, la faire taire ou encore la nier pour qu'elle ne nous empêche pas d'accéder à la joie. Rien n'est plus inexact, car plus on lutte contre la souffrance, plus elle risque de nous rattraper de plein fouet. Par ailleurs, et c'est là la bonne nouvelle, il y a plein de possibilités permettant d'accueillir la souffrance mais également de la laisser «passer», de l'empêcher de nous envahir totalement pour, éventuellement, la transformer en gain.

La souffrance, tant physique que morale, peut conduire au découragement, à l'obsession, à la colère, à la révolte, à la tristesse, à la dépression, à la dépréciation de soi, à la peur, à la culpabilité, et même à des idées suicidaires. Mal accueillie, la souffrance peut également emmener des maux encore plus graves que ceux qui sont à l'origine de cette souffrance, et finalement conduire la personne souffrante à l'inaction totale ou même à la mort.

Les statistiques sur les personnes atteintes de maladies graves pouvant être fatales démontrent que plusieurs de ces personnes ont subi un traumatisme psychologique important mais qu'elles n'ont pas été capables de vivre ce traumatisme de façon positive en essayant de comprendre la leçon de vie que cet événement leur procurait. Se refermant sur elles-mêmes et refusant d'entrer dans un processus dynamique pour accueillir la souffrance, la traiter et la dépasser, elles se sont tout simplement laissé écraser par la souffrance.

À l'inverse, on observe que plusieurs autres personnes, elles aussi atteintes de maladies dites incurables mais sans avoir eu de traumatismes psychiques graves, de très jeunes personnes par exemple, réussissent à traverser cette expérience difficile tout en conservant la paix et la sérénité. Dans son livre magnifique *N'enseignez que l'amour*, le docteur Gérard Jampolsky, s'inspirant d'un enseignement spirituel de notre époque, le Cours sur les miracles, préconise la guérison des attitudes. Voici, notamment, trois principes de la guérison des attitudes qui m'ont particulièrement touchée :

Maintenant est le seul temps qui soit. La souffrance, les reproches, les états dépressifs, la culpabilité et les autres formes de peur disparaissent lorsque l'esprit se concentre sur l'instant présent avec amour et dans la paix.

Nous prenons nos décisions en apprenant à écouter en nous-mêmes notre profond désir de paix. Un comportement n'est ni bon ni mauvais. Choisir entre l'amour et la peur est le seul choix qui ait un sens.

Le pardon est le chemin de la vraie santé et du bonheur. En ne jugeant pas, nous laissons disparaître le passé et nous abandonnons notre peur du futur. Nous comprenons alors que chacun nous enseigne que toute circonstance est l'occasion d'un surcroît de bonheur, de paix et d'amour.

Il n'est pas facile de savoir exactement pourquoi, face à la souffrance, une personne réagira plutôt positivement alors qu'une autre aura tendance à se laisser détruire. J'ose espérer que l'une des causes principales conduisant certaines personnes à réagir négativement aux épreuves de la vie est tout simplement le manque d'information et d'éclairage sur tout le phénomène de la souffrance et de la possibilité de la dépasser. En ce sens, je fais le vœu que ce livre réussisse à rejoindre le plus grand nombre de personnes souffrant physiquement ou moralement et qu'il les aidera à mieux traverser les épreuves que la vie leur envoie. J'espère aussi qu'en lisant ces quelques pages certains réaliseront qu'ils sont très souvent les auteurs mêmes de leur souffrance parce qu'ils n'ont pas appris à travailler sur leur perception des événements et à contrôler leurs pensées et leurs actes lorsque ces événements se produisent.

Si, en ce moment, vous souffrez beaucoup physiquement ou moralement, ou les deux à la fois, vous hausserez sans doute les épaules et serez très sceptique en commençant à lire cette section du livre. Vous penserez peut-être que je suis très loin de la souffrance pour me permettre de tels propos. Or il n'en est rien ; au contraire, c'est précisément parce que, en ce moment, je souffre avec grande intensité que j'ai décidé d'ouvrir cette parenthèse au sujet de la souffrance.

Sans vouloir m'éterniser sur ma propre souffrance, je veux cependant partager avec vous le fait que j'ai vécu et continue à vivre, depuis presque deux ans, plusieurs détachements importants : d'abord la rupture avec mon conjoint, un déménagement qui m'a fait quitter une maison dans laquelle je vivais depuis huit ans, le décès de ma mère quelques mois plus tard, puis, après des retrouvailles de quelques semaines avec mon ex-conjoint, une deuxième rupture, définitive cette fois.

Un événement tragique m'a aussi affectée profondément. En effet, la fille de mon ex-conjoint, que je considère comme ma petite sœur et qui n'a pas trente ans, a subi un dérèglement physiologique qui l'a obligée à s'astreindre à une longue réhabilitation. Cependant, son courage et sa ténacité face à cette épreuve sont pour moi une vraie leçon de vie pour apprendre à apprivoiser la souffrance.

Par la suite, une nouvelle relation s'est amorcée dans ma vie ; je l'ai accueillie avec beaucoup d'espoir et de confiance parce qu'elle était basée initialement sur une amitié profonde de longue date et, de prime abord, sur de très nombreuses affinités tant spirituelles que psychologiques. Malheureusement, cette nouvelle relation a dû subir une interruption d'autant plus douloureuse que la volonté de réussite était très présente dans mon cœur et dans ma tête. La mise en veilleuse d'un espoir est toujours extrêmement pénible, surtout si cet espoir est caressé depuis plusieurs années.

Je souffre donc beaucoup parce que les événements douloureux se sont succédé dans ma vie à un rythme qui ne m'a pas vraiment permis de reprendre complètement le dessus émotionnellement. Fort heureusement, je jouis d'une excellente santé physique et d'un bon équilibre mental, sûrement à cause de mon hérédité, mais également en raison de mon style de vie propice au bien-être. En effet, comme vous l'avez déjà constaté en lisant les chapitres précédents, je mange bien, je fais beaucoup d'exercices physiques, je marche quotidiennement au grand air, je rédige régulièrement des programmations du subconscient et, surtout, j'essaie d'entretenir, la plupart du temps, des pensées de paix, de joie et d'amour.

Par ailleurs, au moment où j'écris ces lignes, mon cœur souffre tellement que je me demande même si je ne présenterais pas encore quelques symptômes de dépendance affective malgré tout le chemin déjà parcouru et tout le progrès accompli au cours des deux dernières années. Il n'est pas toujours évident de faire la part des choses et de savoir si une souffrance est légitime et saine, ou si elle n'est que le résultat d'une mauvaise perception des événements ou, encore, d'un ego trop fort.

Lâcher prise de ses rêves d'amour, renoncer à vivre l'attachement émotionnel, laisser de côté l'amour romantique pour enfin apprendre à s'aimer soi-même et pour éventuellement accéder à l'amour véritable, tout cela n'est pas quelque chose de facile et ni qui s'accomplit instantanément. On a parfois l'impression que le plancher va s'ouvrir sous ses pieds et que l'on va se retrouver au fond d'un ravin. On regarde autour de soi, on ne voit que des couples heureux, même si l'on sait très bien que les apparences peuvent être trompeuses, on pense à tout ce qui ne sera plus et qui était bon. On appréhende aussi le quotidien qui aurait pu être tellement agréable à deux. Comment envisager de fleurir l'extérieur, d'installer le barbecue sur la terrasse ou encore de sortir le vélo alors qu'on est désormais seul pour en profiter? Voilà le défi, et voilà pourquoi j'ai voulu «prendre le taureau par les cornes» et ne pas me laisser abattre par cette souffrance.

Je suis cependant persuadée que ce nouveau détachement important de même que cette souffrance intense ne sont ni inutiles ni absurdes. J'ai donc décidé de replonger dans mes lectures de chevet et, pour la première fois de ma vie, de porter une attention toute particulière à cet aspect de la vie qu'est la souffrance en étudiant attentivement les conseils de mes maîtres à penser en ce domaine. Du même coup, j'ai aussi décidé d'écrire cette section du livre pour partager avec vous le bénéfice de cette expérience difficile mais constructive.

Ma souffrance représente alors un cadeau que la vie nous offre, à vous comme à moi, car elle me permet de vivre plus consciemment l'expérience de cette souffrance, de tenter de trouver les attitudes les plus positives à adopter pour l'accueillir et, enfin, de vous transmettre au mieux de mon vécu ce que j'en ai fait. Voici donc, dans les pages qui suivent, le résultat de cette démarche.

Travailler sur la respiration pour dénouer les nœuds.

Le bébé qui souffre a comme première réaction de pleurer et même de s'évanouir pour éventuellement arrêter de respirer. Cette habitude face à la souffrance, l'adulte la conserve. Il a le souffle court lorsqu'il est malheureux. Agir sur la respiration est d'une aide incroyable pour entamer le travail d'accueil de la souffrance.

Plusieurs auteurs traitent de la respiration et tous s'entendent pour dire qu'elle doit être régulière et profonde, et qu'elle doit avoir son origine dans l'abdomen. Dans *Approches de la vie intérieure,* Lanza Del Vasto nous invite à observer la respiration d'une personne qui dort pour bien comprendre ce qu'une bonne respiration doit être.

Rester seul le plus longtemps possible tout en ayant la possibilité d'être en contact avec un réseau de soutien en cas de besoin.

Plus les anesthésiants sont nombreux et fréquents, plus la souffrance risque de durer. J'ai fait une expérience des plus intéressantes cet après-midi même. Depuis le matin, je ressentais une grande tristesse et je me suis débattue comme un diable dans l'eau bénite pour la combattre. Il faut dire que je traînais une inquiétude depuis un peu plus d'un mois et qu'un appel téléphonique est venu, hier, ajouter à ma difficulté émotionnelle. J'ai donc pris un bon déjeuner, puis je suis allée marcher en forêt avec ma chienne et me suis même arrêtée au lac pour qu'elle se baigne quelques minutes après notre longue randonnée. Tout au long de ces activités, je ne me sentais pas vraiment heureuse et en paix.

À mon retour, ne pouvant envisager de continuer à souffrir ainsi, j'ai donc décidé de téléphoner à mon frère, qui réussit toujours, par ses paroles pleines de bon sens, à me faire cheminer. Je me suis cependant rendu compte que pendant tout le temps de notre conversation, qui a duré plus d'une heure, je conservais toujours une douleur à la poitrine et sentais les larmes me monter aux yeux. C'est à ce moment-là que j'ai décidé de prendre le taureau par les cornes et de faire face à ma souffrance.

Après avoir terminé mon entretien avec Louis, j'ai pris un bain tiède, ai laissé mes larmes couler doucement sur mon visage bouffi, puis suis allée m'étendre sur mon lit même s'il n'était que quatre heures de l'après-midi. Et là, je me suis mise à l'écoute de ma «petite Michèle»; et j'ai compris la profondeur de son désarroi face aux limites actuelles de ma capacité de l'aimer et face à l'incapacité de mon ami de cœur de nous aimer, elle et moi, comme nous méritons de l'être.

J'ai alors renouvelé à son endroit mon serment d'amour inconditionnel et j'ai, à nouveau, pris l'engagement de l'aimer mieux, de la chérir davantage, de l'estimer telle qu'elle est et non telle qu'on a voulu qu'elle soit, de la respecter aujourd'hui et à jamais, et de faire en sorte qu'on la respecte sans concessions, compromis ou réserves. J'ai alors senti la tristesse s'atténuer et le chagrin fondre comme neige au printemps, et j'ai finalement perçu, à travers les larmes qui coulaient encore, un sourire de bonheur, le plaisir d'être reconnue et appréciée.

Nous avons alors, la «petite Michèle» et moi, renoué le dialogue si souvent interrompu, et réalisé, une fois de plus, comment nous formons un tout. Nous avons compris qu'ensemble, l'une pour et avec l'autre, nous pouvons combler tous nos besoins et atteindre, à l'intérieur de cette symbiose amoureuse, la paix, la joie et la sérénité.

Contrairement à d'autres temps pas si lointains, où j'aurais tout simplement quitté la maison pour me rendre à la piscine ou tenté de joindre quelqu'un par téléphone, j'ai plutôt décidé de me retirer avec moi-même, de faire prendre son bain à la «petite Michèle», puis de m'étendre avec elle pour accueillir son chagrin, l'accepter comme valide et le comprendre, et pour la rassurer sur l'intensité et la permanence de l'amour que je ressens pour elle afin que, à nouveau, elle me pardonne les abandons qui caractérisent notre relation lorsque je me préoccupe plus des autres que d'elle.

Le travail d'accueil de la souffrance ne veut pas dire être masochiste et penser délibérément et avec obsession à ce qui nous fait mal. Il signifie seulement entrer en soi, prendre contact avec cette souffrance et lui demander ce qu'elle a à nous dire. Une fois cette compréhension établie, la souffrance passera comme un nuage qui ne reste pas en place dans le ciel.

Vivre un rejet de la part de notre amoureux éveille très certainement en nous les rejets vécus dans notre enfance. Il est même très fréquent que l'on choisisse justement des partenaires qui agissent en tous points comme ce parent de qui l'on a senti un rejet et dont on n'a jamais accepté l'absence d'amour. On essaie donc, mais en vain, de se faire aimer par une personne qui n'est pas encore capable d'amour véritable, pour finalement se faire rejeter à nouveau.

Pour être certaine de vivre le rejet qu'elle recherche inconsciemment, une personne qui souffre de dépendance affective aura toujours tendance à choisir, comme partenaire, une personne qui a peur d'aimer et, encore plus, d'être aimée. Par ailleurs, ces deux personnes, celle qui est dépendante de même que celle qui a peur d'aimer et d'être aimée, agissent ainsi parce qu'elles n'ont jamais eu la chance d'apprendre à s'aimer elles-mêmes. Elles incarnent malheureusement le résultat d'une perception fausse d'elles-mêmes, perception bâtie au fil de leur vie, sur le *faire* et le *paraître,* au lieu de l'*être.* Pour sortir de ce cercle vicieux, il n'y a qu'une solution : apprendre à connaître son «moi véritable» et permettre à celui-ci de s'exprimer librement. Fort heureusement, cette tâche peut être accomplie quel que soit notre âge et quelle que soit la profondeur de nos carences.

Ces partenaires qui nous font tant souffrir, qui ne sont pas encore capables d'amour véritable mais qui font pourtant des efforts sincères pour devenir des virtuoses de l'art d'aimer, nous sont cependant nécessaires pour apprendre l'amour de soi et pour apprendre que l'on ne doit jamais confier notre bonheur à une autre personne. Voilà une clé fondamentale pour comprendre le message de cette forme de souffrance.

D'autres souffrances, physiques, morales ou émotionnelles, sont également surmontables par l'accueil réel et la compréhension du message qu'elles contiennent.

Pour bien vivre le processus d'accueil de la souffrance, il est préférable de ne pas prendre de médicaments, sauf en cas d'extrême nécessité. Mais, si vous êtes déjà sous traitement médical et qu'on vous a prescrit des médicaments, je vous suggère de parler à votre thérapeute de la démarche que vous voulez entreprendre avant de supprimer les médicaments ou d'en modifier la posologie.

Un réseau de soutien est évidemment une bonne soupape de sûreté pour les heures les plus sombres au cours desquelles vous aurez peut-être l'impression de déraper. Un simple appel téléphonique ou encore une rencontre de quelques minutes suffiront sans doute pour vous redonner confiance dans votre démarche d'accueil de la souffrance. Mais il n'est surtout pas conseillé de s'étourdir et de fuir, car l'objectif poursuivi ne serait sûrement pas atteint.

En cas de rupture, couper tout contact avec la personne de qui on se sent rejeté et renouer avec son enfant intérieur.

Il n'y a rien de pire que de tourner le fer dans la plaie et de continuer à argumenter avec la personne qui ne veut plus de vous. À partir du moment où vous constatez que votre ami de cœur, votre copain ou même un membre de votre propre famille ne vous respecte pas et se conduit à votre égard comme si vous étiez un objet au lieu d'un sujet, je n'ai qu'un seul conseil à vous donner : déguerpissez de là, et vite. Par la suite, astreignez-vous à une discipline rigoureuse consistant à ne téléphoner à ladite personne sous aucun prétexte et, si c'est elle qui vous appelle, à limiter la conversation au strict minimum.

J'ai personnellement beaucoup de difficulté à ne pas exprimer ma peine ou ma déception lorsque le hasard m'oblige à communiquer avec une personne dont je me sens rejetée; alors j'essaie de n'avoir aucun contact destructeur.

Cette façon de réagir préservera votre dignité et votre paix intérieure. Cela ne vous empêchera pas de continuer à aimer cette personne, mais cette attitude vous aidera à vous dégager d'elle plus rapidement. Puisqu'elle ne veut pas de vous, autant ne pas insister et prendre désormais l'habitude de rechercher des partenaires qui vous démontreront un amour véritable et une estime réelle. Malheureusement, il est fréquent qu'on soit obligé de traverser plusieurs relations avant d'apprendre à ne pas tomber dans le piège des amours difficiles mais nécessaires. Mon frère Louis, par exemple, parle très ouvertement de ses six femmes «magiques» qui l'ont presque fait mourir de peine, jusqu'au jour où il a décidé, une fois pour toutes, d'en finir avec ce scénario, de prendre contact avec l'enfant en lui, de se procurer lui-même l'amour inconditionnel et de ne plus tomber dans le panneau de la dépendance affective.

Ce même frère a vécu trois graves opérations à cœur ouvert au cours desquelles on lui a installé des valves artificielles pour lui permettre de vivre plus confortablement. Selon ceux et celles qui sont passés par là, ces interventions sont pénibles et occasionnent de grandes souffrances. Eh bien, quelle ne fut pas ma surprise de l'entendre dire, dernièrement, que ses souffrances morales à la suite de peines d'amour et de sentiments de rejet étaient de loin ce qu'il avait vécu de plus difficile à endurer et dépassaient largement les pires souffrances physiques qu'il ait jamais connues. Selon lui, ces souffrances morales liées au rejet viennent nous chercher au plus profond de notre être puisqu'elles sont liées à l'enfance. Parfois, elles deviennent tellement intolérables que la personne qui en souffre peut vouloir s'enlever la vie ou désirer faire mourir celui ou celle qui lui occasionne une telle souffrance. On remarque, en effet, un grand nombre de meurtres passionnels, souvent suivis de suicides, liés à ces souffrances morales.

Mon frère Louis a aussi vécu une autre très grande souffrance dont il parle très ouvertement lorsqu'il agit en relation d'aide ou fait des témoignages publics. En effet, il y a plusieurs années déjà, il a cessé de consommer de l'alcool après de nombreuses années de dépendance à cette substance, dépendance qui ne l'a cependant pas empêché de terminer ses études et d'occuper un très bon emploi. Mais, comme il me le disait encore dernièrement, cette grande souffrance occasionnée par le fait d'arrêter de boire a, elle aussi, été moins pénible que la souffrance morale ressentie pour se débarrasser de la dépendance affective. Il dit, à la blague, qu'arrêter de boire c'est «de la petite bière», comparé au travail à effectuer et à la souffrance à traverser pour prendre contact avec l'enfant en soi et devenir son propre parent. Il est cependant persuadé que c'est de loin le travail le plus important et même le seul travail essentiel pour arriver à la paix intérieure.

Il se plaît souvent à me dire que c'est sûrement la «petite Michèle adaptée» qui m'a conduite vers la programmation du subconscient, pour me faire effectuer un long détour et éviter le plus longtemps possible ma rencontre avec la «petite Michèle saine». Je ne lui donne pas tout à fait tort mais, cela étant dit, je ne regrette pas ce fameux détour qui m'a quand même permis de régler certains autres problèmes qui me dérangeaient. Par ailleurs, peut-être que, plus jeune, je n'aurais pas eu la force, la volonté et la persévérance de me rendre au bout de la démarche que j'ai effectuée, avec son aide, au cours des deux dernières années.

Mon frère suggère que l'on remercie nos bourreaux de cœur au lieu de les blâmer de ne pas avoir vraiment livré la marchandise d'amour promise, car, selon lui, ils ont justement été placés sur notre route pour nous faire revivre la souffrance initiale tant et aussi longtemps que nous n'aurons pas compris où se situe le chemin de la délivrance.

Il a sûrement raison, d'autant plus que, une fois rendu sur la bonne route, on comprend désormais que «tout ce qui brille n'est pas or» et on ne se laisse plus séduire par de belles paroles ou une apparence accrocheuse. Sur cette route, les princes charmants de pacotille sont démasqués très rapidement et tous leurs beaux discours d'authenticité doivent être traduits en actions pour devenir crédibles. Cela prend souvent plusieurs années avant d'atteindre cette route de lucidité et de clarté émotionnelle, mais, fort heureusement, ce cheminement ne saurait briser un idéal personnel et une foi sincère dans la possibilité de vivre une vie de couple harmonieuse.

À ce propos, je lisais récemment, et cela m'a fait sourire, que si, dans les contes de fées, les crapauds se changent en prince charmant, dans la vraie vie ce seraient plutôt les princes charmants qui se changent en crapaud! Mais on dit aussi qu'il n'y a pas de cas désespérés. En feuilletant le *Petit Robert,* dernièrement, je suis tombée sur cette phrase de Victor Hugo : «J'étais en porte-à-faux, je me suis redressé.» Mon ami Victor Hugo voulait-il ainsi me donner une lueur d'espérance ou simplement m'apprendre le pardon et la tolérance ?

Lire des textes sur le sujet et écrire ce que l'on ressent ainsi que nos prises de conscience.

On trouve maintenant de nombreux livres qui aident les gens à comprendre leur problème et à voir comment d'autres personnes ont traversé des difficultés semblables. Par exemple, *Adieu,* de Howard M. Halpern, ainsi que *Aimer, perdre et grandir,* du père Jean Monbourquette, sont des aides précieuses pour toute personne devant vivre une rupture, qu'il s'agisse d'une séparation ou de la mort.

Écrire est aussi une thérapie très efficace pour se libérer d'une souffrance et pour la dédramatiser. Vous n'êtes pas obligé de publier ce que vous écrivez, ni même de le faire lire à quiconque. N'écrivez que pour vous, pour bien identifier toutes les émotions que votre souffrance vous fait vivre et pour vous rendre compte de toutes les constatations qu'elle vous amène à faire sur votre vie.

Voici une façon efficace de mieux vivre une souffrance occasionnée par la perte d'une personne, d'un emploi ou de toute autre chose qui nous paraissait indispensable : il s'agit de faire un effort pour regarder le plus objectivement possible cette personne ou cette chose que nous avons perdue, et de mettre sur papier les aspects difficiles que nous n'avons jamais voulu admettre concernant cette situation.

En utilisant cette méthode, je me suis amusée à découvrir et à écrire les caractéristiques que pourrait présenter un être qui ne nous aime pas véritablement, et j'ai été très surprise du résultat. En effet, je me suis rendu compte que, malgré l'évidence, l'on s'acharne parfois à imaginer la personne que l'on aime d'une façon totalement différente de ce qu'elle est réellement.

Caractéristiques d'un être qui ne vous aime pas véritablement

❖ Il ne fait pas ce qu'il dit (avec vous) et il ne dit pas ce qu'il fait (avec l'autre).

❖ Il ne vous dit pas : «Je t'aime», il vous dit : «Je t'aime, mais…»

❖ Il vous parle toujours du bonheur que vous vivrez, avec lui, dans l'avenir pour vous faire supporter le malheur que vous vivez, avec lui, au présent.

❖ Il se voit avec vous pour l'éternité en oubliant l'enfer dans lequel il vous plonge dans la quo-tidienneté.

❖ Il vous donne le sentiment d'être une personne très importante lorsque vous n'êtes pas disponible, puis vous traite comme un objet à partir du moment où il réalise que vous l'aimez sincèrement et que vous voulez partager sa vie.

Je vous propose une autre façon efficace de traverser plus sereinement une perte ou un deuil : sur une feuille de papier que l'on a séparée en deux, on écrit d'abord ce que l'on ne trouvait pas agréable dans ce qu'on a perdu, puis ses aspirations au sujet d'une nouvelle situation. En agissant de la sorte, on évite de penser inlassablement aux beaux côtés de ce qui a été perdu et on se donne toutes les chances de faire arriver ce à quoi on aspire.

Voici, à titre d'exemple, ce qu'on pourrait écrire à la suite d'une rupture.

Ce que je n'ai plus envie de vivre
dans une relation de cœur :

❖ l'amour au compte-gouttes ;

❖ les vacances de Noël, de Pâques et d'été tout seul ;

❖ la mesquinerie ;

❖ le chantage émotionnel ;

❖ le non-engagement ;

❖ l'instabilité ;

❖ être traité comme un objet ;

❖ l'absence de projets ;

❖ l'absence d'humour ;

❖ la torture mentale.

Ce que j'ai envie de vivre
dans une relation de cœur :

❖ l'amour disponible ;

❖ des projets de vacances avec la personne qu'on aime ;

❖ la générosité ;

❖ la confiance ;

❖ l'engagement ;

❖ l'équilibre ;

❖ être traité comme un sujet ;

❖ des projets à court, moyen et long terme ;
❖ la joie de vivre, la détente et la fantaisie ;
❖ la paix du cœur et de l'âme.

Cette façon de procéder n'est évidemment pas toujours nécessaire et n'a pas pour objectif de vous amener à prendre en grippe la personne ou l'objet que vous avez perdu. Elle vise simplement, lorsque c'est nécessaire, à vous permettre d'accueillir une nouvelle perspective de la situation passée en la relativisant et en dédramatisant votre perte. Elle vise aussi, avant toute chose, à vous offrir une vision positive de l'avenir. C'est la chenille qui devient papillon !

Faire un effort pour constater ses principales ressources et pour travailler sur l'estime de soi.

On sait que les problèmes de santé, des plus petits aux plus graves, affectent les personnes qui en souffrent. Il en est de même pour tous les problèmes d'ordre moral ou psychologique qui viennent nous hanter jour et nuit à certaines périodes de la vie. Troubles de santé, perte d'un emploi, perte d'un être cher qui nous quitte pour une autre personne, départ d'un enfant de la maison, décès d'un animal de compagnie et revers financiers sont autant d'occasions de souffrir, mais également de survivre en devenant plus fort et plus conscient après avoir traversé l'épreuve.

Nous ne sommes pas toujours conscients de notre potentiel et de ce qui fait de soi quelqu'un d'unique. Lorsque nous traversons une épreuve, nous avons plutôt tendance à nous dévaloriser et à penser que l'on ne vaut pas grand-chose. Voilà donc une occasion inestimable de nous mettre en quête de nos «plus» durant cette période difficile. J'ai énormément d'exemples de personnes qui ont réagi ainsi au cours d'une épreuve et qui ont découvert en elles des qualités et même des dons qu'elles ignoraient posséder.

Hélène, une ancienne collègue de travail dont l'ami de cœur avait décidé de vivre avec l'une de ses meilleures amies, m'a confié s'être inscrite, pendant un certain temps, à des cours tous les jours de la semaine parce qu'elle était incapable d'affronter sa solitude à la suite de cette rupture. Peut-être a-t-elle prolongé ainsi sa souffrance mais, au passage, elle s'est découvert un talent exceptionnel pour la peinture à l'huile, particulièrement pour le portrait. À la fin de l'année, elle dépassait même le professeur. Pourtant, auparavant, elle n'avait jamais eu l'ombre d'une idée du grand talent qui dormait en elle.

Je me souviens aussi de Liette, rencontrée lors d'un séjour au centre de thalassothérapie à Paspébiac, en Gaspésie. Son histoire est tellement pathétique mais, en même temps, si positive. Liette était mariée, avait deux enfants et travaillait comme institutrice. Du jour au lendemain, elle se retrouve à l'hôpital en fauteuil roulant, avec un diagnostic de sclérose en plaques et un pronostic très sombre quant à la possibilité de remarcher un jour. «Tout dans ma vie a basculé d'un seul coup, m'a-t-elle dit lors de notre première rencontre. En quelques semaines seulement, j'ai perdu ma santé, mon mari, qui est venu me faire signer des papiers de divorce à l'hôpital, mes enfants, qui sont demeurés temporairement chez leur père, mon emploi, ma maison, mon chien et mon chat.»

Liette m'a avoué avoir pensé au suicide, mais elle n'a pas mis son projet à exécution. Au contraire, elle a décidé de se battre et de remarcher un jour. Au moment de notre rencontre, elle marchait déjà avec une canne, après plusieurs mois de physiothérapie. De plus, elle aussi avait commencé à peindre et raffolait de cette nouvelle forme d'expression. J'ai reçu, à quelques reprises, des cartes de Noël qu'elle fait elle-même et je suis toujours émerveillée de leur beauté. Liette a aussi entrepris des cours de pause de voix et de chant classique.

Depuis quelques années, Liette vit seule dans sa propre maison où ses deux enfants la visitent fréquemment et elle a un petit chat qu'elle a appelé Mozart. Elle m'a confié que, n'eût été cette maladie, elle serait probablement demeurée avec le père de ses enfants, avec lequel elle n'avait pourtant plus tellement d'affinités, et n'aurait pas découvert le monde merveilleux dans lequel elle vit maintenant en dépit de son handicap.

Pour ma part, je suis toujours heureuse de réaliser que le fait de vivre certaines difficultés me stimule à vouloir aider d'autres gens, notamment en écrivant un livre. Je combats ainsi la déprime et me donne la chance de me sentir utile auprès de plusieurs personnes, même si, par exemple, une personne en particulier s'est éloignée de moi.

Ma nature de sauveur m'a souvent conduite vers des partenaires en difficulté que je ne réussis évidemment jamais à sauver puisque de tels sauvetages ne sauraient être dans l'ordre des choses. Je me suis donc chaque fois retrouvée bredouille, avec un sentiment de rejet et une impression d'échec à l'égard de ma tentative de sauvetage. Mais j'ai la conviction que ce besoin de sauver est disparu à tout jamais, pour faire place à un désir d'union sereine entre deux personnes libres et bien dans leur peau.

Toutes mes pensées sur le couple sont maintenant fixées sur cette réalité. Désormais, une vie de couple paisible et heureuse ne me conduira pas à l'inaction puisque, étant devenue mon propre parent, je n'attendrai plus jamais qu'un partenaire me procure sécurité, paix et bonheur.

Je cultive donc le plaisir d'imaginer une union toute simple dans laquelle les deux partenaires ont suffisamment d'espace pour utiliser leurs énergies créatrices, mais ressentent un réel bonheur à partager le quotidien. Et si la vie ne m'apporte pas la concrétisation de ce désir, j'aurai quand même eu la joie de cultiver ce rêve tout en profitant de la beauté de chaque instant offert si généreusement par cette vie magnifique.

Pleurer abondamment, exprimer sa colère ou toute autre émotion ressentie au cours du processus d'accueil de la souffrance.

Il est possible et même probable que le processus d'accueil de la souffrance vous amène à pleurer considérablement, à exprimer votre colère par le cri primal et à imaginer que ce torrent de larmes n'aura jamais de fin. Mais, je peux vous l'assurer, il se tarira au bout d'un certain temps. Certaines personnes pleurent plusieurs jours de suite, alors que, chez d'autres, les pleurs sont concentrés en quelques séances plus espacées mais qui durent quand même plusieurs heures à la fois.

Empêcher ces larmes de couler ne peut vous aider d'aucune façon. Au contraire, leur permettre de remplir votre puits d'amour fera en sorte que vous ne sentirez plus jamais la soif d'attachement et d'amour que la dépendance affective vous conduisait à éprouver.

Une fois votre puits d'amour bien plein, vous serez aussi capable de donner de l'amour à d'autres personnes puisque vous aurez réussi à transformer toute forme de souffrance en forces positives. La pierre philosophale et la fontaine de Jouvence se résument, à mon avis, à cette alchimie magnifique que l'être humain peut accomplir en prenant contact avec l'esprit en lui.

Écouter des cassettes avant de s'endormir.

Comme nous l'avons vu déjà, la fatigue est l'un des ennemis du bonheur. Or le sommeil réparateur est un élément essentiel si l'on veut se sentir reposé et en pleine possession de toutes ses facultés.

Lorsqu'une personne fait un travail d'accueil de la souffrance et de prise de contact avec l'enfant en elle, il arrive fréquemment que ses énergies augmentent soudainement et la tiennent éveillée. Parfois, il ne s'agit que d'un surplus d'énergie alors que, en d'autres occasions, c'est l'enfant qui ressent le besoin de s'exprimer. Il ne faut pas forcer le sommeil, mais tout simplement favoriser une bonne détente pendant les heures de repos.

J'ai toujours, à portée de la main, quelques cassettes que je peux écouter au moment de me coucher si je sens que je ne suis pas disposée à écouter calmement le silence et si je crains d'être perturbée par des idées négatives. Ce truc est très efficace; il m'a permis, à plusieurs reprises, de m'endormir paisiblement au son de la voix de Jean-Marc me faisant rencontrer mon ange gardien, de Lise me parlant du dauphin Boule-de-rêves ou de Josette m'expliquant les amours difficiles mais nécessaires.

Prendre conscience de ses progrès.

Décider d'accueillir sa souffrance demande du courage, mais ceux et celles qui choisissent cette voie deviennent graduellement de plus en plus conscients de leur être véritable, au-delà de leur corps, au-delà de leur mental et au-delà de leurs émotions. Cependant, pour arriver à cette conscience pleine et entière, il faut justement passer par le contact réel avec ce corps, ce mental et ces émotions, mais en ayant la conviction intime que l'on est en train de devenir complètement maître de ceux-ci et non pas leur esclave.

Il y a quelque temps, j'ai eu la chance de rencontrer Lynda, une personne très spéciale qui m'a beaucoup inspirée dans ma démarche. Elle m'a fourni une phrase toute simple à lire régulièrement et je veux la partager avec vous parce que, malgré sa simplicité, elle recèle une force incroyable. Lorsque vous serez un peu abattu ou découragé, lorsque vous douterez que vous puissiez atteindre le but de la libération, je vous encourage fortement à lire cette phrase et à penser à tout le chemin déjà parcouru et à la personne que vous êtes devenue depuis que vous avez décidé d'affronter l'obstacle. Fermez les yeux, respirez profondément et répétez, autant de fois qu'il sera nécessaire, cette phrase que je vous encourage à mémoriser : *Je suis maître de ma vie et je suis maître de mes décisions.*

Pourquoi apprivoiser la souffrance ?

J'ai beaucoup souffert. J'ai tellement souffert, qu'il m'est arrivé de croire que la souffrance allait me faire mourir. Et puis, un jour, j'ai décidé de faire de cette souffrance une amie et une alliée. Cette nouvelle attitude m'a ouvert les portes de l'amour, de la paix et de la joie.

Une vérité s'est alors imposée à moi : cesser de lutter, lâcher prise, ce n'est pas cesser d'aimer. Au contraire, c'est se jeter à corps perdu dans l'amour sans rien attendre en retour. C'est rencontrer sa souffrance au carrefour de l'amour et la transformer en conte de fées.

Mais oui, les contes de fées existent… quand on est soi-même une fée ou un bon génie, et que l'on décide de tisser sa vie de merveilleux et de magique.

Apprivoiser la souffrance est donc une façon d'améliorer sa qualité de vie et de cultiver le bien-être en dépit des imprévus, qui sont inévitables au cours d'une vie. C'est aussi une façon de mieux comprendre et d'aider plus efficacement les gens autour de soi qui ont, eux aussi, des épreuves à traverser.

Depuis que j'ai opté pour cette nouvelle attitude d'accueil de la souffrance, j'ai constaté que la vie m'apportait des compensations incroyables dont je n'aurais sûrement pas profité si je m'étais repliée sur moi-même et sur ma déception. Par exemple, l'interruption brutale de ma relation avec mon ami a créé un vide immense et a, bien sûr, provoqué un flot de larmes au cours des derniers mois. Par ailleurs, l'été que j'entrevoyais épouvantable s'est avéré extraordinaire de belles expériences et de rencontres intéressantes.

En effet, ma grande amie Yvonne a décidé de vivre tout un mois en ma compagnie, à la grande joie de mes trois animaux, Chaton, Filou et Soleil, qui ont, tout comme moi, apprécié sa présence durant cette période. Elle m'a également demandé de l'aider à mettre en pages un manuscrit qu'elle espère publier bientôt, ce que j'ai accepté avec plaisir. Lorsqu'on permet à l'amour d'entrer dans sa vie, sans y mettre de conditions ou de formes, on est parfois étonné du résultat.

Ces précieux mois de solitude ne sont pas toujours faciles, mais ils m'apprennent que libérer l'esprit d'un autre libère aussi le sien. Ces longs mois d'absence de contact avec l'être aimé, au cours desquels j'ai décidé de me ranger du côté de la vie plutôt que de me laisser abattre par la souffrance, renforcent aussi ma conviction profonde que l'amour finit toujours par reprendre ses droits, même s'il faut, pour cela, y mettre le temps nécessaire.

*Le bonheur est un parfum que l'on
ne peut répandre sur autrui sans en faire
rejaillir quelques gouttes sur soi-même.*

R. W. Emerson.

4

Le bonheur et les autres

ON ne vit pas tout seul sur une île déserte et il serait bien utopique de penser devenir virtuose dans l'art d'être heureux en oubliant tout le monde autour de soi.

On oublie parfois la pratique de ces petits gestes très simples qui sèment la joie et nous permettent de tisser des liens heureux avec nos enfants, nos parents, nos amis, nos collègues de travail et même avec des gens complètement inconnus que nous croiserons peut-être une seule fois au cours de notre existence.

Les gestes pour communiquer agréablement avec notre entourage varient d'une personne à l'autre et d'une culture à l'autre. Il semble pourtant qu'on retrouve des dénominateurs communs incontournables.

Quelle femme n'a pas rêvé de recevoir, un jour, une fleur unique sans aucune autre raison que celle de se faire dire par son conjoint qu'il l'aime? Quel homme n'apprécierait pas de se faire acheter, par la femme de sa vie, un outil pour bricoler ou un «gadget» pour sa voiture? Quel enfant n'aimerait pas se rendre, au moins une fois, visiter l'endroit où son papa et sa maman travaillent? Quel parent âgé et à la retraite n'attend pas la visite-surprise de ses enfants et de ses petits-enfants? Quel collègue de travail n'apprécie pas un bon coup de main lorsqu'il est débordé ou qu'il est embêté par un problème difficile à résoudre? Quelle personne n'est pas heureuse et reconnaissante qu'on lui tienne une porte ouverte lorsqu'elle est chargée comme un mulet ou qu'on lui cède sa place dans l'autobus, par simple courtoisie?

Les pages précédentes contiennent déjà quelques exemples de petits bonheurs engendrés par la communication avec les autres. Je veux cependant accorder une place particulière à la communication entre les parents et leurs enfants, et à celle entre conjoints, parce que ces types de communication sont à la base même des fondements de notre société.

Il ne faut pas oublier que les enfants d'aujourd'hui sont les adultes de demain. Il m'apparaît donc important de transmettre aux enfants, dès leur venue au monde, cette valeur inestimable qu'est la capacité d'être heureux. À mon avis, apprendre aux enfants l'art d'être heureux et leur communiquer la joie de vivre est le plus cadeau que des parents et des éducateurs puissent leur offrir. Plus que les richesses matérielles, ce trésor inestimable leur permettra de développer une attitude positive face à la vie et leur permettra aussi d'affronter les épreuves avec courage et détermination. Ils sauront que le soleil brille toujours après l'orage et ne se laisseront pas abattre au premier obstacle.

Les exemples de petits bonheurs à partager avec vos enfants me viennent en grande partie de mes collègues de travail, Aline et Ghislaine, qui sont toutes les deux des mères très attentives à l'importance de cette communication avec leurs enfants et qui représentent, pour moi qui n'ai pas d'enfants et qui n'ai pas eu le privilège de vivre une enfance très heureuse, des modèles d'imagination et de créativité. Je les remercie sincèrement de leur apport précieux à la rédaction de cet aide-mémoire et pour la joie que je ressens toujours à les entendre parler de Marili, de Catherine, de Frédérick, de Yann et d'Emmanuel.

En lisant les exemples des pages suivantes, vous constaterez que ces gestes concrets contribuent à combler les quatre besoins fondamentaux de tout enfant, soit le besoin de sécurité, le besoin d'identité, le besoin d'estime de soi et le besoin d'aimer et d'être aimé. Mais, ne l'oublions pas, ces besoins doivent être comblés de façon satisfaisante, et seul l'enfant peut juger du niveau de satisfaction. Le parent a le devoir de faire son possible pour donner le maximum à l'enfant, mais il ne peut être parfait.

Par ailleurs, il est important de se souvenir du besoin de constance qu'ont les enfants et de leur goût pour des rituels fréquents, et d'agir en conséquence. C'est la seule façon de développer chez eux le goût du bonheur, la confiance dans les êtres humains et la certitude que l'amour est quelque chose de bien réel et de bien vivant. Investir dans sa relation avec ses enfants est une préoccupation de chaque instant. Sans s'oublier soi-même, parce que, rappelons-le, la personne la plus importante demeure soi, il ne faut pas avoir peur d'être dérangé, de bousculer un peu son horaire et de faire sentir sa disponibilité pour que l'enfant goûte vraiment à la joie de vivre et devienne un adepte du bonheur.

L'aide-mémoire «Petits bonheurs pour nos enfants», à la page 137, regroupe cinquante activités qui ont toujours du succès auprès des enfants. Cette liste n'est évidemment pas exhaustive et vous pouvez, bien sûr, la compléter au gré de votre imagination et de votre fantaisie. En écoutant vos propres enfants, vous découvrirez quels petits gestes permettraient de combler leurs besoins.

J'ai cru opportun de commenter un peu plus longuement quelques éléments précis relatifs à ces activités, sans toutefois le faire pour chacune puisque plusieurs activités répondent à un même besoin. Par exemple, le besoin qu'a l'enfant de faire des activités de loisir avec le parent peut se traduire de façons diverses, dont plusieurs exemples sont donnés dans l'aide-mémoire. Les quelques éléments que je décris ci-dessous constituent donc un canevas sur lequel je vous invite à peindre un chef-d'œuvre représentant vos liens de plaisir et d'amour avec vos propres enfants, petits ou grands.

Petits bonheurs pour nos enfants

Leur dire et leur écrire le plus souvent possible «Je t'aime».

Un des besoins fondamentaux de l'enfant est de se sentir accueilli et aimé. On ne peut évidemment pas être présent à cent pour cent à ce besoin de l'enfant et on risque souvent, par notre propre difficulté à vivre, de lui faire ressentir une forme de rejet. Cependant, en s'habituant à prononcer fréquemment les mots «Je t'aime», et même à écrire ces mots de tendresse à son enfant lorsque celui-ci est capable de lire, on peut compenser quelques petites fautes de parcours. Cela permet aussi à l'enfant de s'habituer lui-même à verbaliser ses sentiments.

Leur faire souvent de grosses caresses.

Dans un chapitre précédent, je vous ai déjà parlé de l'importance de donner et de recevoir au moins une caresse par jour : *One hug a day is a must to be happy.* Je pense qu'on ne risque pas de se tromper en affirmant que l'enfant a besoin, pour sa part, d'un flot de caresses et de tendresse. Ne soyons pas avares de ces manifestations qui feront de lui une personne mieux dans son corps et plus branchée sur ses émotions.

Les bercer le plus longtemps possible.

Le mobilier moderne a tendance à faire disparaître les bonnes chaises berçantes dans lesquelles tant de mères et de pères attentifs ont autrefois endormi le petit dernier en lui chantant une comptine ou consolé la grande fille qui vivait sa première peine d'amour. Je n'ai pas eu une enfance particulièrement heureuse, et pourtant le souvenir de mon père qui m'a bercée jusqu'à l'âge de douze ans, c'est-à-dire jusqu'à son décès, me revient comme une douce consolation à son absence de ma vie.

Valoriser leurs qualités et leurs points forts.

L'image qu'une personne a d'elle-même est une clé fondamentale donnant accès au bonheur. En effet, si l'image qu'une personne a d'elle-même est négative, elle ne pourra jamais être heureuse, quels que soient ses talents ou ses biens matériels. Les parents ont, sans l'ombre d'un doute, une responsabilité et un rôle crucial dans la cristallisation de l'image qu'un enfant a de lui-même, et qu'il aura comme adulte. Heureusement, l'adulte qui n'a pas eu la chance d'être valorisé lorsqu'il était enfant peut modifier cette image. Mais que de souffrances peuvent être évitées lorsque les parents comprennent l'importance de valoriser leurs enfants à tous les stades de leur cheminement.

En faisant participer vos enfants à des projets comme l'aménagement de leur chambre ou du terrain, en les aidant à développer leurs talents manuels, en leur donnant des responsabilités, en les aidant à faire leurs devoirs et leurs leçons, en participant aux rencontres organisées par l'école et, bien sûr, en leur exprimant votre admiration et votre reconnaissance pour les talents qu'ils démontrent dans l'exécution de toutes ces activités, vous renforcerez chez eux cette image de soi si importante qui leur donnera confiance en leur valeur personnelle.

Je parlais dernièrement à une collègue de travail dont le fils vient d'apprendre à tricoter et qui réussit fort bien cette activité. Elle l'a donc encouragé à apporter ce qu'il avait réalisé à l'école, mais il était un peu hésitant parce que, en général, un garçon ne tricote pas. Il a cependant accepté de montrer son chef-d'œuvre aux éducatrices ainsi qu'aux autres élèves, qui ont tout simplement été ébahis et ont décidé de faire un projet collectif de cette activité. Voilà une bonne façon de démythifier les rôles et de favoriser l'égalité entre les hommes et les femmes.

Les emmener visiter leurs grands-parents, leurs oncles, tantes, cousins et cousines.

Je n'oublierai jamais le jour où ma mère m'a annoncé que nous devions nous rendre aux funérailles de ma grand-maman, que je n'avais jamais vue auparavant et dont je n'avais même pas entendu parler. J'avais environ six ans et j'ai demandé à ma mère : «Qu'est-ce que c'est, une grand-maman?» Elle m'a expliqué qu'il s'agissait de sa mère à elle, mais, à l'époque, il ne m'est pas venu à l'esprit de lui demander pourquoi je n'avais pas pu la connaître avant ce jour. Je réalise aujourd'hui, en discutant avec mes copines de bureau et en lisant sur le sujet, qu'il aurait été extrêmement important pour moi, comme pour tous les enfants de la terre, de connaître toute ma famille et d'apprendre ainsi à développer des rapports sociaux et à avoir confiance dans un clan familial. Les enfants qui apprennent tôt à se sentir un membre important du groupe de personnes que constitue la famille seront plus tard beaucoup plus solides et épanouis à l'intérieur de tous les groupes que la vie nous amène à intégrer.

Ils pourront aussi éviter le sentiment d'être isolés ou abandonnés lorsqu'ils auront à traverser certaines épreuves inévitables. Mais, plus que tout, ils pourront goûter au plaisir irremplaçable de vivre une complicité qui, semble-t-il, ne se vit pas tout à fait de la même façon avec des personnes étrangères.

Les aider à mieux aimer les gens et à accepter les différences sans aucune forme de préjugés.

On entend parfois les adultes dire que les enfants sont cruels et qu'ils jugent sévèrement. Peut-être avons-nous une part de responsabilité dans cet état de fait. Il serait donc important que l'on s'assure que nos enfants comprennent que tous les êtres humains sont égaux, quels que soient leur couleur, leurs limites physiques ou mentales, ou leur compte de banque. Inculquer cette valeur à nos enfants ne peut que contribuer à créer en eux une forme de tolérance indispensable au bonheur.

Les enfants qui grandissent avec des préjugés et qui sont fermés à tout ce qui ne ressemble pas tout à fait à ce qu'ils ont connu à la maison se priveront de grands plaisirs en vieillissant. Pensons, par exemple, au plaisir de voyager, de découvrir d'autres mœurs, d'autres mets, d'autres façons de se vêtir ou de concevoir le rythme de la vie. Inversement, le fait d'être ouverts peut leur ouvrir des portes sur le monde et sur des amitiés enrichissantes avec des gens d'une autre culture.

Faire des activités pour développer l'humour, la curiosité, l'imagination et la fantaisie.

L'humour est sans doute l'arme la plus efficace pour dédramatiser les pires calamités et désamorcer les conflits interpersonnels les plus graves. Les familles qui savent inculquer aux enfants cette grande faculté de réaction et d'adaptation qu'est l'humour en toutes circonstances leur lèguent un trésor précieux. De plus, ne dit-on pas que « le rire, c'est la santé » ?

Quant à la curiosité, à l'imagination et à la fantaisie, elles sont en général présentes chez tous les enfants. Le problème, relativement à ces qualités, réside dans le fait que les adultes ont plutôt tendance à empêcher les enfants de s'exprimer librement en ces domaines, ou à ne pas encourager le côté magique de leur vie. Trop préoccupés par les problèmes terre à terre, nous entraînons souvent les enfants à partager des responsabilités ou des visions du monde adulte pour leur éviter des déceptions ou des désillusions. En agissant de la sorte, on provoque au contraire un genre d'asphyxie chez l'enfant, qui ne peut ainsi explorer et développer une partie importante de ses facultés intellectuelles et intuitives.

N'ayons pas peur de parler de fées, d'anges et de petits êtres de l'essentialité. L'imagination est une arme puissante contre la monotonie et la déprime. Lire des contes aux enfants est une excellente habitude à prendre.

Les écouter et répondre à leurs questions.

Le besoin de se sentir écouté et respecté est, semble-t-il, un des besoins les plus importants de l'enfant et celui qui serait le moins comblé. Les adultes ne réussissent pas toujours à suspendre leurs nombreuses activités pour prendre le temps d'écouter les enfants lorsque ceux-ci en expriment le besoin, et il est sans doute difficile de les blâmer si l'on tient compte de toutes les tâches qu'ils ont à accomplir au cours d'une même journée. N'ayant pas d'enfants moi-même, je peux difficilement parler de ce sujet puisque je ne l'expérimente pas au quotidien.

Bien qu'il s'agisse peut-être d'un exemple boiteux, je vais vous décrire ce que je vis en rapport avec mes animaux. Il m'arrive souvent d'être affairée dans la maison et tout à coup, comme venu de nulle part, surgit l'un de mes chats qui me regarde langoureusement et se met à miauler pour se faire prendre. Ou encore, ma chienne, Soleil, se précipite vers moi, sa grosse balle dans la gueule avec le seul désir que je lui lance cette balle pendant quelques minutes pour jouer. J'ai donc pris l'habitude, à moins que ce ne soit tout à fait impossible, de cesser toute autre activité et de consacrer dix ou quinze minutes à ces petits êtres vivants pour les rassurer et leur donner de l'amour au moment où ils en expriment le besoin. J'ai constaté que mes trois animaux sont très affectueux et très calmes, alors que d'autres personnes semblent avoir de perpétuels problèmes avec leurs animaux. J'ai également constaté que ces temps de pause m'apportent, à moi aussi, du bien-être et de la joie.

Je tente de faire la même chose avec tous les enfants, petits et grands, que je rencontre à l'occasion et je réalise que j'apprends beaucoup d'eux. Donner du temps aux enfants, c'est se donner du bon temps! Dernièrement, je terminais ma séance de natation à la piscine que je fréquente depuis plusieurs années et qui est située dans une auberge. N'ayant pas encore soupé et pressée de retourner à la maison, j'ai quand même pris le temps de m'arrêter pour converser quelques minutes avec deux jeunes stagiaires récemment arrivés de France et qui séjourneront au Québec environ quatre mois. L'un deux, un jeune homme de vingt ans, m'a épatée. Il parle cinq langues et correspond régulièrement avec des personnes domiciliées dans vingt et un pays différents.

Faire le plus grand nombre d'activités de loisir avec eux.

En ce domaine, les exemples pourraient être illimités. Par ailleurs, selon les confidences qui m'ont été faites à ce sujet, certaines activités semblent faire le plaisir de tous les enfants. Parmi celles-ci, les jeux de société viennent sûrement au premier rang. D'autres activités aussi simples que chanter et danser avec eux semblent également avoir beaucoup de succès.

Parmi les activités les plus appréciées, on compte les activités sportives comme le camping, le vélo, les journées à la plage, le ski, le patin, ou tout autre sport pratiqué en famille. Les enfants raffolent aussi de voir leurs parents assister aux compétitions sportives auxquelles ils participent. C'est sûrement une bonne façon de les aider à combler le besoin d'estime de soi.

Toutes les activités familiales plaisent aux enfants. Aller à la cabane à sucre, visiter un musée et des lieux historiques, aller au restaurant, ne serait-ce qu'un casse-croûte, aller passer quelques heures à la bibliothèque, faire un voyage, organiser un pique-nique, magasiner et aller au cinéma sont autant d'exemples de petits plaisirs irrésistibles qui feront le bonheur de vos enfants et permettront un temps d'arrêt au cours duquel vous pouvez communiquer avec eux.

Leur apprendre à observer le ciel et toutes les autres merveilles de la nature.

Les nuages, la Lune et les étoiles, les levers et les couchers de soleil, les comètes, les aurores boréales demeurent les plus beaux tableaux qu'un être humain puisse contempler, et ce tout à fait gratuitement. Je pense à Bill, un ami paraplégique qui se trouve dans un hôpital pour malades chroniques depuis plus de vingt ans, à la suite d'un accident d'automobile. Il avait quarante ans lorsque ce fâcheux accident l'a cloué dans cette chambre d'hôpital où il demeure depuis. Bill n'est pas du genre à se laisser abattre. Il enseigne l'espagnol et l'anglais à d'autres patients et est devenu un joueur d'échecs émérite. Il m'a pourtant confié que son passe-temps préféré, depuis son accident, c'est de s'asseoir dehors, dans son fauteuil roulant, et de contempler le ciel. C'est quelque chose, dit-il, qu'il ne prenait même pas le temps de regarder lorsqu'il était en pleine forme.

Reconnaître les fleurs, les arbres, les plantes, les oiseaux et autres animaux de la nature est aussi un gage de plaisir renouvelé pour qui se donne la peine d'observer. Je me souviens d'un voyage à l'agglomération du Graal, en Autriche, au cours duquel j'ai rencontré une jeune femme qui connaissait le nom de centaines de variétés de fleurs sauvages de cet endroit et qui avait une histoire à raconter au sujet de chacune d'elles. J'étais complètement fascinée par ce volet de la vie.

Cette richesse de la nature, on ne l'apprend pas vraiment à l'école, et il serait dommage que les enfants d'aujourd'hui demeurent rivés au téléviseur et à leurs jeux vidéo en passant à côté des plaisirs les plus simples et les moins coûteux de la vie.

Leur montrer à prier et à avoir confiance dans les forces universelles (leur expliquer les grandes lois de la Création).

Les grandes lois de la Création sont toutes simples et peuvent être expliquées aux enfants pour les aider à comprendre le sens de la vie, ce qui les aidera à faire des choix éclairés tout au long de leur propre vie.

Expliquer à l'enfant, en des termes simples, la Loi de la réciprocité des effets (aussi connue sous le nom de Loi du karma) l'inspirera à agir avec bonté et droiture s'il veut ressentir du bien-être et de la paix. Autrefois, on parlait de vengeance divine, de purgatoire et d'enfer, mais cette approche ne convient pas à un être humain évolué doté d'intelligence, d'intuition et du libre arbitre.

Lui parler de la Loi de l'attraction des affinités pourrait l'aider, sans qu'il porte des jugements négatifs sur les autres, à choisir comme amis des personnes partageant les mêmes valeurs morales que lui au lieu de se laisser entraîner dans des groupes moins évolués.

Quelle que soit notre religion, ou même si on n'en a pas, la prière de gratitude et de confiance envers le Créateur est aussi une attitude à transmettre aux enfants afin de les aider à prendre contact avec leur âme et tout l'aspect spirituel de leur être.

Leur montrer à se servir de toutes leurs facultés, y compris leur subconscient.

La découverte de notions comme l'image de soi, le conscient et le subconscient a constitué un point tournant dans ma vie. J'avais, à l'époque, presque trente ans déjà.

Combien de fois me suis-je dit que j'aurais tant aimé découvrir ces réalités encore plus jeune!

Lors d'une conférence à Québec, cette année, j'ai eu le plaisir de rencontrer une charmante jeune femme qui m'a dit avoir lu *Pourquoi pas le bonheur?* à l'âge de dix-huit ans, soit l'année même de sa publication, et que cette lecture avait été une révélation pour elle. Au moment où je l'ai rencontrée, elle avait trouvé le compagnon idéal, avait un bon emploi et achevait de payer sa maison. Elle m'a dit que la connaissance de la programmation l'avait stimulée à se prendre en main et à se fixer des objectifs plus précis.

On m'a également fait part du fait que les enfants comprennent très rapidement ces notions. Selon le courrier que j'ai reçu, plusieurs enfants ont amélioré leurs comportements ou ont obtenu de meilleurs résultats scolaires après avoir effectué, avec l'aide de leurs parents, une prise de conscience de ces aspects de l'être humain.

L'art de pratiquer la pensée positive peut se développer à tout âge, mais il est évident que plus on commence jeune, plus on y gagne en bonheur, tant pour soi que pour son entourage.

Leur donner la chance d'avoir un animal.

Ayant moi-même la chance d'avoir trois beaux animaux, et fermement convaincue des vertus thérapeutiques de la zoothérapie, je ne peux qu'encourager tous les parents à faire ce cadeau extraordinaire à leurs enfants. Une collègue de bureau qui a accueilli chez elle un caniche me confiait, dernièrement, à quel point ses deux filles aiment leur chien et comment elles lui racontent leurs petits secrets.

Lorsque je me promène avec ma chienne, Soleil, vous ne pouvez vous imaginer le nombre d'enfants qui se précipitent pour la voir et la flatter. Ils me disent souvent, avec tristesse, qu'ils ne peuvent avoir d'animaux parce que leurs parents y sont allergiques.

Le lien que développe un enfant avec son chat ou son chien ne peut être remplacé par un objet inanimé. Dans certains hôpitaux des États-Unis, on permet la présence d'animaux pour favoriser la guérison des enfants malades, car on a réalisé que le fait, pour eux, de recevoir de l'amour et de pouvoir en donner à leur petit ami poilu les remplissait de joie et accélérait leur récupération.

Il faut cependant être conscient, comme adulte, qu'avoir un animal implique de grandes responsabilités de même que des dépenses additionnelles au budget. Il faut aussi réaliser qu'on ne peut imposer à un enfant de telles responsabilités, qu'il s'agisse de s'occuper de l'hygiène de l'animal, de le nourrir ou de s'assurer qu'il fait suffisamment d'exercices physiques. L'adulte qui accepte de donner ce cadeau à son enfant s'engage donc, par le fait même, à investir temps, énergie et argent pour le bien-être de l'animal.

Les inscrire à des cours.

Tous les parents, sans exception, à qui j'ai parlé de mon projet d'écrire sur les petits bonheurs de nos enfants m'ont dit que l'un des plus beaux cadeaux à leur faire était d'accepter de les inscrire à des cours de leur choix. J'ai également appris que l'on doit à tout prix éviter de forcer un enfant à suivre un cours pour satisfaire nos goûts personnels ou nos propres ambitions. En agissant de la sorte, on pourrait détourner à tout jamais une personne d'un art ou d'une discipline qui corresponde à ses aptitudes.

Des cours de patin, de piano, de dessin, de danse, de chant, de natation, d'arts martiaux, ou le simple fait de participer à des camps d'été, favorisent la socialisation de l'enfant en lui permettant de développer des habiletés physiques ou artistiques grâce auxquelles il pourra s'exprimer.

Il ne faut pas oublier non plus qu'en développant des intérêts de toutes sortes on s'assure de ne jamais s'ennuyer, quel que soit notre âge. C'est donc, à long terme, un bon investissement que de donner la chance à nos enfants de développer très jeunes leurs intérêts et leurs habiletés puisque cela en fera des adultes heureux, puis des retraités heureux plutôt que grincheux.

Leur apprendre à travailler manuellement (art culinaire, entretien de la maison, tricot, couture, bricolage).

Je vous ai déjà parlé de ma mère de qui j'ai appris une certaine sagesse. Malheureusement, elle ne m'a absolument rien appris en fait de travaux domestiques. Ainsi, jusqu'au début de la trentaine, l'art culinaire, le tricot, l'entretien de la maison, le bricolage, la couture, le jardinage m'étaient aussi étrangers que de parler le chinois.

Bien sûr, je réussissais, tant bien que mal, à faire le strict nécessaire. Mais, au cours des dernières années, je me suis rendu compte du plaisir que procure le fait de pouvoir se débrouiller seul, ou de développer des habiletés permettant de préparer de bons petits plats, de décorer la maison ou de cultiver un beau jardin. Heureusement, durant les années où nous vivions ensemble, j'ai appris beaucoup de petits trucs de mon ex-conjoint qui, même s'il a toujours exercé un emploi plutôt intellectuel, se débrouille fort bien dans les activités manuelles.

J'ai un ami qui a appris à cuisiner et à tisser au métier avec sa grand-mère. C'est un véritable cordon-bleu qui fait le bonheur de ses invités. J'ai aussi une collègue de travail qui réussit à se faire de très beaux vêtements à peu de frais; elle m'a confié avoir commencé à coudre avec sa mère qui l'aidait à confectionner des vêtements pour ses poupées.

Non seulement est-ce utile, mais travailler manuellement est un véritable anti-stress, au même titre que pratiquer un art comme la peinture ou jouer d'un instrument de musique. J'ai eu la chance, dernièrement, de visiter mon ex-conjoint, qui est maintenant à la retraite, et j'ai été fascinée par les magnifiques cabanes d'oiseaux qu'il confectionne lui-même.

Petits bonheurs pour nos enfants

❖ Leur dire et leur écrire le plus souvent possible «Je t'aime».

❖ Leur faire souvent de grosses caresses.

❖ Les bercer le plus longtemps possible.

❖ Valoriser leurs qualités et leurs points forts.

❖ Les emmener visiter leurs grands-parents, leurs oncles, tantes, cousins et cousines.

❖ Les aider à mieux aimer les gens et à accepter les différences sans aucune forme de préjugés.

❖ Faire des activités pour développer l'humour, la curiosité, l'imagination et la fantaisie.

❖ Les écouter et répondre à leurs questions.

❖ Faire le plus grand nombre d'activités de loisir avec eux.

❖ Leur apprendre à observer le ciel et toutes les autres merveilles de la nature.

❖ Leur montrer à prier et à avoir confiance dans les forces universelles (leur expliquer les grandes lois de la Création).

❖ Leur montrer à se servir de toutes leurs facultés, y compris leur subconscient.

❖ Leur donner la chance d'avoir un animal de compagnie.

❖ Les inscrire à des cours.

❖ Leur apprendre à travailler manuellement (art culinaire, entretien de la maison, tricot, couture, bricolage).

❖ Leur confier des tâches, des responsabilités à la maison.

❖ Les emmener à la cabane à sucre.

❖ Les emmener occasionnellement à son lieu de travail.

❖ Les emmener au restaurant.

❖ Faire du camping avec eux.

❖ Les aider à faire leurs devoirs et leurs leçons.

❖ Les emmener magasiner et prendre le temps de les aider à faire leur choix.

❖ Organiser des fêtes d'enfants.

❖ Décorer la maison lors de fêtes (Noël, Halloween, Pâques...).

❖ Leur raconter des histoires ou leur lire des contes.

❖ Faire du vélo avec eux.

❖ Les présenter aux visiteurs.

❖ Jouer avec eux à des jeux de société.

❖ Leur permettre de participer à des camps d'été.

❖ Chanter et danser avec eux.

❖ Jouer à la marelle, aux billes et à la corde à danser avec eux.

❖ Participer aux activités pour les parents organisées par l'école.

❖ Leur permettre de porter nos bijoux de moindre valeur ou de se déguiser avec certains de nos vêtements.

❖ Faire du théâtre en jouant des personnages ou en utilisant des marionnettes.

❖ Inviter leurs amis à dîner, à souper ou à coucher.

❖ Leur écrire de petits messages secrets.

❖ Les emmener au cinéma.

❖ Leur trouver une gardienne de soir qu'ils aiment.

❖ Les emmener en voyage.

❖ Leur apprendre le nom des animaux, des fleurs, des arbres, des plantes.

❖ Laisser à leur disposition des dictionnaires et les consulter fréquemment pour les habituer à bien comprendre et à bien utiliser les mots.

❖ Consulter des encyclopédies avec eux.

❖ Leur apprendre la géographie en regardant des livres sur différents pays et des cartes géographiques.

❖ Les faire participer à des projets (vacances, voyages, décoration de la maison, de leur chambre ou de la salle de jeux, aménagement du terrain).

❖ Démythifier les rôles.

❖ Leur raconter des histoires de famille ou la façon dont leurs parents se sont connus.

❖ Leur montrer à se servir de l'ordinateur.

❖ Les emmener à la bibliothèque, au concert, au spectacle, au musée, à l'aquarium, au zoo, au cirque.

❖ Organiser avec eux des activités familiales (pique-niques, sorties en vélo...).

❖ Assister le plus souvent possible aux exercices et aux compétitions des sports ou des activités artistiques qu'ils pratiquent.

L'importance de l'amitié

Si l'amour est difficile à définir et à comprendre à travers tous ses prismes, l'amitié m'apparaît tout aussi complexe à expliquer et à vivre. Demandez à dix personnes de vous définir ce que représente l'amitié pour elles, et ce qu'est précisément un ami, et vous obtiendrez dix réponses différentes et parfois même contradictoires. Par ailleurs, ces dix mêmes personnes seront toutes d'accord pour affirmer que l'amitié est quelque chose de très important, voire d'indispensable dans leur vie.

Pour une personne, l'amitié implique la liberté totale, le respect et l'absence d'attentes, alors que, pour une autre, l'amitié constitue au contraire une forme d'engagement qui exige de la disponibilité, de la fidélité et un minimum de présence physique avec ses amis.

Comment expliquer de telles contradictions au sujet d'une réalité à laquelle tout le monde veut participer et sans laquelle la plupart des gens prétendent souffrir d'isolement et de vague à l'âme?

N'ayant moi-même que très peu d'amis, je me suis longtemps interrogée sur cet état de fait et me suis souvent remise en question à ce sujet. Croyant qu'il s'agissait d'un aspect plutôt introverti de ma personnalité, bien qu'en général les gens semblent vouloir se lier assez rapidement avec moi et ne semblent pas ennuyés par ma présence, j'ai délibérément choisi de ne pas investir trop de temps et d'énergie dans un réseau d'amis, et j'ai donc traversé toute mon existence actuelle en louve solitaire.

Par ailleurs, et fort heureusement, certaines amitiés se sont imposées d'elles-mêmes et ont duré en dépit du château fort que j'ai érigé et de mes résistances les plus farouches. Je me rends compte cependant que ces amitiés de longue date concernent principalement des personnes qui vivent éloignées de moi, dans une autre ville ou dans un autre pays. Les rencontres avec ces amis sont donc rares et espacées dans le temps. Il est par contre intéressant de constater que, chaque fois, nos retrouvailles constituent une fête incroyable où il se passe toujours quelque chose de merveilleux et de magique : on reprend contact après des mois ou des années en ayant l'impression que l'on s'est quittés la veille. Ce bien-être que l'on ressent en retrouvant une personne sans que ne se manifeste de gêne ou de temps morts est vraiment une expérience incroyable que seuls des amis réels peuvent vivre. De simples connaissances ne laissent pas autant d'empreintes dans votre cœur et ne vous font pas sentir totalement à l'aise après une absence prolongée.

J'ai constaté, et j'en ai toujours été surprise, qu'un malaise pouvait parfois s'installer entre des amoureux qui reprennent contact après s'être laissés pour quelques jours ou quelques semaines. C'est comme si on était totalement soi-même avec les amis réels mais qu'on avait un peu plus de difficulté à être totalement authentique avec un amoureux, peut-être parce qu'on est trop préoccupé par notre apparence ou parce que l'on ressent de l'insécurité au sujet de notre avenir avec cette personne. Je ne parle pas, bien sûr, des relations amoureuses de longue date qui finissent par être également des relations amicales, ce qui est à souhaiter puisque les amants qui ne deviennent pas aussi des amis finissent tôt ou tard par mettre fin à leur relation.

Les amis procurent donc une possibilité d'entrer en relation avec quelqu'un en toute confiance, sans qu'on se sente menacé, en étant totalement soi-même, et en ne ressentant ni pression ni insécurité face à l'avenir.

Au cours des deux dernières années, j'ai appris à me laisser toucher par quelque chose de différent, en fait d'échanges et de présences, de ces contacts réguliers mais peu nombreux qu'avait toujours représentés l'amitié dans ma vie. Très doucement, j'ai appris à établir des échanges plus fréquents avec d'autres gens, non pas pour combler un vide mais tout simplement pour le plaisir

de faire une activité sportive, de prendre le lunch en
jasant avec une copine ou de discuter d'un livre que j'ai
lu et apprécié.

Ce cheminement m'a permis de réaliser que, tout au
long de ma vie, j'avais toujours mis tous mes œufs dans
le même panier en faisant de ma relation de couple le
début, le milieu et la fin de ma vie sociale. Il y avait
bien sûr quelques contacts avec les gens du bureau, mais
ces rencontres se situaient évidemment dans un contexte
de travail et non de loisirs et de détente. Vous pouvez
sans doute imaginer dans quel état je me retrouvais à la
suite d'une rupture !

Bien que consciente de cette réalité, je me refusais à
changer mon mode de vie, un peu parce que j'étais trop
jalouse de mon temps, mais surtout parce qu'il m'appa-
raissait tout à fait impensable d'entrer en communication
avec qui que ce soit lorsque je vivais des problèmes de
cœur. Je demeurais donc enfermée chez moi et sur moi-
même, me recroquevillais sur ma souffrance et ne me
donnais aucune chance de sortir de cette souffrance par
une simple amitié.

Je réalise aussi que cette situation était en grande
partie liée à ma dépendance affective, qui m'empêchait
de disperser mon énergie toute consacrée à survivre à
ma vie de couple. Mais à partir du moment où le
problème de dépendance affective est réglé et que l'on
choisit de s'aimer inconditionnellement sans attendre la
reconnaissance d'une autre personne pour se sentir
heureux, la situation n'est plus la même. On peut encore
décider de vivre des moments de solitude et de ne pas
avoir une vie sociale très active parce qu'on préfère
s'occuper à autre chose, mais il s'agit là d'un choix qui

n'empêche pas d'avoir un réseau d'amis ayant sensiblement les mêmes attentes et la même perception que soi au sujet de la relation amicale.

Mon changement d'attitude face à l'amitié m'a aussi fait comprendre que le secret de l'amitié réside beaucoup plus dans ce que l'on choisit d'apporter à nos amis que dans ce que l'on pourrait attendre d'eux. À mon avis, c'est une garantie totale de bonheur que de développer une attitude altruiste d'écoute, d'empathie et de service à l'égard de nos amis. Bien sûr, il n'est pas désagréable de pouvoir se confier à l'occasion, de recevoir un petit présent d'anniversaire ou une carte de souhaits; mais ma propre expérience m'a convaincue qu'on est véritablement plus heureux à donner qu'à recevoir, aussi bien en amitié qu'en amour.

Il est évident que les besoins varient d'une personne à une autre, mais l'idée est justement de trouver un équilibre, un dosage qui soit acceptable et agréable pour tout le monde.

Certaines personnes ont tellement d'amis et d'activités qu'elles passent leur vie à s'étourdir pour éviter leur principal rendez-vous, celui avec elles-mêmes. Inversement, d'autres personnes sont tellement isolées qu'elles ressentent une grande tristesse et ont l'impression d'être sur une île déserte, sans aucun soutien moral. Ni l'une ni l'autre de ces situations ne ressemble à l'idéal.

En fait, pour avancer et évoluer, une personne a besoin de s'arrêter, d'écouter le silence et de prendre contact avec elle-même. Certains pas ne peuvent être faits que dans la solitude. On naît seul et on meurt seul.

Cette solitude nous accompagne tout au long de notre vie et on doit assumer cette réalité. Par ailleurs, et cela est merveilleux, les autres personnes vivent le même drame existentiel et peuvent donc communier à notre solitude par leur présence, leur soutien et leur écoute. Elles peuvent aussi nous accompagner dans certaines activités agréables, ce qui a pour effet de rendre ces activités encore plus intéressantes parce qu'elles sont partagées.

J'ai constaté que la vie se charge souvent de mettre sur notre route la ou les personnes qui ont besoin de nous pour un certain temps et qui, par le fait même, peuvent nous apporter un certain réconfort dans ce que nous avons à traverser. En effet, je crois sincèrement que faire preuve de souplesse et d'ouverture d'esprit pour offrir de l'amitié à une personne qui passe dans notre vie, et avec laquelle on a des affinités, est une grande source de joie qui nous permet justement de combattre un sentiment de solitude. Il est cependant important de ne pas exiger quoi que ce soit en retour. Pour que la relation d'amitié se poursuive dans l'harmonie, tout geste doit être fait librement et gratuitement.

Comme j'ai entendu tellement d'histoires de pseudo-amitiés qui ont mal tourné parce que l'une des deux personnes avait cessé d'être disponible ou avait perdu intérêt pour certaines activités, je ressens toujours le besoin, au début d'une relation d'amitié, de rassurer l'autre personne à ce sujet. Par exemple, je précise que, si nous avons décidé d'aller au restaurant tel jour et que l'autre personne a un contretemps, ou n'a tout simplement plus envie de faire cette activité cette journée-là, j'aime infiniment mieux qu'elle m'en fasse part franchement que de me rendre compte qu'elle n'est pas à l'aise et qu'elle aurait préféré annuler notre rendez-vous. J'espère toujours que mes amis ont suffisamment confiance en moi pour savoir que je ne leur tiendrai pas rigueur de leur franchise.

Au fond, je pense que la qualité la plus importante que l'on devrait s'attendre à retrouver chez un ami véritable est l'authenticité en toutes circonstances. Évidemment, il ne faut pas abuser des autres personnes et les décevoir par simple caprice ou par distraction, car on risque alors de ne pas les avoir très longtemps comme amis.

Un aspect qui m'attire particulièrement dans la relation amicale, c'est la possibilité de dédramatiser les difficultés de la vie en utilisant l'arme puissante qu'est l'humour. Il n'y a rien de tel, pour se sentir plus léger, que de parler quelques minutes avec un ami et de trouver le moyen de rire de soi-même en prenant du recul par rapport à ses petits problèmes quotidiens, et aux gros.

Un ami, c'est aussi la personne qui vous racontera les dernières prouesses de ses enfants, les mauvais coups de son chien ou les câlineries de son chat. Ou, encore, qui vous parlera du dernier film ou du dernier livre ayant retenu son intérêt et qui voudra à tout prix vous faire partager ses coups de cœur. Un ami nous inocule sa joie ; et nous, nous sommes là pour l'aider à atténuer sa peine, quand c'est nécessaire.

De plus en plus de personnes vivant seules, qui ont besoin de communiquer mais ne veulent pas trop sortir de leur maison ni même recevoir, se tournent vers le courrier électronique ou le réseau Internet. C'est un palliatif intéressant ; on parle même de révolution culturelle. Cependant, certains psychologues redoutent cette solution de rechange, craignant les effets de la «cyberdépendance» chez plusieurs «drogués» d'Internet.

Après avoir expérimenté ce véhicule de communication pendant quelques mois, j'en arrive à la conclusion que, bien utilisé, il s'agit d'un outil tout simplement fantastique. Personnellement, je me suis limitée à un maximum de temps par jour, mais je communique effectivement avec des gens. Ainsi, je m'entretiens régulièrement avec Johane, qui vit dans une autre ville et que je considère comme une amie même si je ne l'ai jamais rencontrée en chair et en os. Ce qu'elle m'écrit est une partie d'elle-même et cela m'apparaît aussi valable que d'aller casser la croûte ou d'aller faire une randonnée pédestre. De plus, toujours grâce à ce véhicule, je peux maintenant communiquer avec mes amis en France, et ce, sans qu'il m'en coûte un sou de plus puisqu'ils ont aussi accès au courrier électronique.

Dernièrement, j'ai vu à la télévision un reportage sur la rencontre en chair et en os de gens qui se parlaient par ordinateur depuis plusieurs mois. Toutes les personnes interviewées n'avaient que des paroles positives au sujet de cette forme de communication. Par exemple, une jeune femme vivant seule a affirmé ne plus jamais se sentir seule depuis qu'elle avait un ordinateur parce qu'elle avait un tas de correspondants. Sa vie en a été complètement transformée.

Oui, l'amitié revêt une grande importance dans la vie d'un être humain et elle peut être source de grandes joies. Il ne faut cependant pas se servir de l'amitié comme d'une béquille pour se soustraire à notre devoir de devenir des êtres libres et autonomes, qui développent leurs talents et leurs facultés, et qui savent se créer une vie où le mot ennui ne devrait jamais exister.

Une personne qui développe ses facultés ne s'ennuie jamais. Le seul «ennui» qu'elle pourrait subir, c'est de manquer de temps pour réaliser tout ce qui l'intéresse en profitant de chaque jour pour faire le plus beau et le plus long des voyages, celui qui la conduit à l'intérieur d'elle-même, à la connaissance de soi. N'oublions pas le principe de vie que nous a légué Socrate : «Connais-toi toi-même et tu connaîtras l'Univers.»

Entre conjoints : entretenir la flamme

Le nombre grandissant de divorces au Québec, comme partout ailleurs dans le monde, nous amène à nous poser de nombreuses questions au sujet du couple.

Est-il préférable de vivre seul ou en couple? Est-ce que les deux mêmes personnes doivent demeurer ensemble toute leur vie? Est-il préférable de vivre avec quelqu'un qui nous ressemble ou ne serait-il pas plus stimulant de cohabiter avec une personne différente et, par conséquent, complémentaire à ce que nous sommes? Peut-on conserver la fraîcheur et le bien-être de l'amour naissant qui nous donnent des ailes au début d'une relation?

Pour tenter de répondre à toutes ces questions, bien que les réponses en ce domaine puissent varier d'un individu à un autre, il m'apparaît intéressant de jeter un regard sur les besoins d'un être humain.

En effet, le mal-être de plusieurs couples vient notamment du fait que les personnes en cause se sont unies pour des raisons inappropriées et même nuisibles à l'épanouissement d'une relation entre deux adultes. On est attiré par une personne qui éveille en nous quelque chose de connu, de familier, du «déjà vu»; mais cette mémoire qui sert d'aimant irrésistible fait, trop souvent, partie de notre propre mal-être, que nous n'avons jamais pris le temps de soigner et que nous croyons, à tort, disparu au moment de la rencontre avec ce que nous imaginons être «l'amour de notre vie». Le «grand amour», comme on l'appelle communément, ressemble malheureusement, chez la plupart des couples, à la complémentarité de deux personnalités en recherche d'identité et de symbiose.

Quels sont donc les besoins d'un être humain, et nécessitent-ils l'intervention d'une autre personne pour être comblés? La réponse à ces questions comporte deux volets qu'il faut bien saisir pour comprendre pourquoi certains couples sont heureux alors que d'autres, malgré la meilleure volonté du monde, ne pourront jamais avoir une relation saine et équilibrée.

Le premier volet se résume à identifier les besoins que l'on avait comme enfant et à savoir que, pour être satisfaits, ils nécessitaient obligatoirement l'intervention d'une autre personne : la mère d'abord, puis les deux parents. Sans l'amour inconditionnel d'une maman et sa présence réconfortante, nos besoins ne peuvent être comblés, ce qui crée en nous les carences émotionnelles et affectives dont je vous ai déjà parlé et qui entraînent la dépendance affective.

Ces besoins se résument en réalité à peu de choses, mais combien importantes pour le restant de notre vie. Jetons donc brièvement un regard sur chacun des besoins de l'enfant avant d'identifier ceux de l'adulte.

Le besoin *de sécurité* est le premier besoin manifesté par le petit bébé, qui demande à être nourri, lavé, vêtu et abrité des intempéries. Durant la grossesse, l'enfant n'a eu aucun effort à fournir pour assurer sa sécurité : il était logé, nourri, au chaud et à l'abri des agressions sonores et visuelles.

À la naissance, tout change en quelques heures. Il est expulsé péniblement du paradis terrestre et se trouve soudainement confronté à un monde qui ne peut que lui paraître hostile. Pour la première fois de sa courte existence, il a froid, il a faim, on le touche, on le frappe et on l'expose au bruit et à la lumière. De cette expérience terrifiante naissent une profonde réaction d'insécurité et le besoin immédiat d'être sécurisé.

Dès les premiers instants de la vie, on lave, on couvre et on nourrit l'enfant, ce qui a pour effet de le rassurer. Lorsqu'il est blotti sur le sein de sa mère et qu'il entend son cœur, il ne réalise pas vraiment qu'il n'est plus en symbiose parfaite avec elle.

Ensuite, au fil des jours et des semaines, l'enfant se rendra de plus en plus compte qu'il n'est plus fusionné à la source de sécurité et deviendra de plus en plus attentif à tous les gestes que nécessite son état de fragilité et de vulnérabilité. En effet, à ce stade, l'enfant ne se préoccupe pas tant d'être nourri, lavé, vêtu et logé, constatant qu'il l'est; mais, se projetant au-delà du moment présent, il commence à se demander s'il le sera toujours.

La prévisibilité, la disponibilité, les horaires fixes, la qualité de la nourriture et des vêtements servent à l'enfant à se sécuriser et à mesurer par empathie la profondeur de l'amour qu'il suscite.

En fait, rien n'insécurise plus l'enfant que la variabilité, même à un âge un peu plus avancé. La variabilité le déstabilise complètement et peut même, si elle est trop accentuée, le conduire à se couper de la réalité. À ce stade, l'enfant veut être convaincu qu'il est et sera toujours la personne la plus importante pour sa maman. Si celle-ci lui prodigue amour et attention malgré ses pleurs, ses colères et ses crises, si elle est stable et constante dans sa relation avec lui, il verra petit à petit son besoin de sécurité comblé. Il pourra éventuellement prendre le risque de s'éloigner de sa maman sans craindre que tout s'écroule autour de lui. Il pourra, comme on le dit en langage courant, sortir des jupes de sa mère tout en se sentant en sécurité.

Le besoin *d'identité* est le deuxième besoin de l'enfant. Le bagage d'identité d'un enfant se constitue durant les premiers mois de sa vie et se compose de peu de choses. L'enfant a des besoins, des attentes et des désirs, et le seul moyen dont il dispose pour les faire valoir est le langage émotionnel. En effet, l'enfant, comme tous les êtres de la création, doit utiliser ce langage pour s'assurer que l'on s'occupe de lui convenablement, et ce jusqu'à ce qu'il soit capable de parler avec des mots.

S'il a peur, froid ou faim, il hurle de colère jusqu'à ce que l'on comble son besoin ou réponde à ses attentes. S'il se sent seul et abandonné, il exprime sa peine en geignant. Lorsque ses besoins sont comblés, il vous gratifie de son plus beau sourire et sombre dans le sommeil de la joie et du bonheur.

Le besoin d'identité s'exprime donc essentiellement par le langage des émotions, dont l'expression est malheureusement mal tolérée dans notre société. Qu'il s'agisse de peine, de colère ou de joie turbulente, on se dépêche de rappeler à l'ordre le petit enfant qui manifeste ces émotions. Qu'on le dispute ou lui mette une sucette dans la bouche, qu'on l'envoie à sa chambre pour le calmer ou qu'on lui dise qu'un grand garçon ça ne pleure pas, on brime l'enfant de son droit d'être, ainsi que de son droit de s'exprimer dans son langage émotionnel.

Les recherches en psychologie ont permis de mieux comprendre cette réalité, et les approches proposées sont intéressantes. Mais l'utilisation de ces approches n'est pas évidente, compte tenu du fait que la plupart des adultes ayant la responsabilité d'enfants sont encore, eux-mêmes, des enfants blessés par leur propre enfance. Toute notre société est à soigner et à guérir, mais il faut avoir confiance que chaque pas fait par une personne pour devenir plus consciente et plus heureuse finira par hausser le niveau de bien-être de l'ensemble de la société.

Le besoin *d'estime de soi*, troisième besoin de l'enfant, ne peut être satisfait que dans la mesure où les deux premiers besoins, de sécurité et d'identité, ont été comblés de façon satisfaisante par la maman. L'estime de soi, c'est ce qui amènera l'enfant à se dire qu'il est important et qu'il en vaut la peine.

Ce besoin satisfait, l'enfant deviendra un adolescent puis un adulte confiant en son potentiel, capable d'affronter les intempéries de la vie et de se faire une place au soleil. Inversement, sans estime de soi, un être humain est condamné à demeurer une victime toute sa vie. Il sera celui ou celle qui tentera désespérément de se dévouer pour les autres, de tout leur donner, de les sauver, sans pour autant réussir à se faire aimer de ces personnes; en effet, celles-ci prendront ce qu'on leur offre, mais ne seront pas capables d'amour envers cette personne qui ne s'aime pas elle-même.

Le besoin *d'aimer et d'être aimé*, quatrième et dernier besoin fondamental de l'enfant, ne sera comblé que dans la mesure où l'enfant aura développé une estime de soi suffisante, ce qui implique que ces besoins de sécurité et d'identité auront été comblés de façon satisfaisante.

Les quatre besoins de l'enfant constituent, de façon imagée, des vases communicants dans lesquels les parents versent, au fil des jours et des années, de l'amour et de la présence. Si le niveau du contenu d'un des vases vient à baisser, automatiquement le niveau baissera aussi dans les autres. Inversement, le fait de combler l'un des besoins de façon satisfaisante fait remonter le contenu du vase, ce qui aura automatiquement des effets sur les autres.

Il est important de comprendre que combler ces besoins de façon «satisfaisante» ne veut pas dire de façon «parfaite», car aspirer à la perfection, en ce domaine comme dans tous les autres, est utopique. Par ailleurs, je tiens à préciser que le niveau de satisfaction est déterminé par l'enfant lui-même, ce qui explique que dans une même famille certains enfants se sentent plus heureux que d'autres malgré des interventions et des comportements identiques de la part des parents.

Quoi qu'il en soit, l'enfant grandit et devient adolescent, puis adulte. Que se passe-t-il si ses besoins n'ont pas été comblés? Est-il condamné à vivre à tout jamais avec un niveau d'insatisfaction tel qu'il n'aura jamais accès au bonheur? Est-il condamné à vivre dans l'amertume et le ressentiment envers ceux qui avaient le devoir, lorsqu'il était enfant, de combler ses besoins? Doit-il passer sa vie à suivre des thérapies interminables ou, pire encore, à consommer des médicaments pour faire taire sa souffrance? Fort heureusement, on peut répondre négativement à toutes ces questions parce qu'il existe une façon très simple mais très efficace de guérir de son passé : il s'agit, nous l'avons vu, de retrouver l'enfant en soi et de devenir soi-même son propre parent, qui sera capable de combler ces quatre besoins.

À partir de cet instant merveilleux où vous devenez votre propre parent, vous prenez l'engagement inconditionnel de vous aimer, de vous chérir, de vous estimer, de vous respecter et de vous faire respecter. Vous, et vous seul, pouvez donc combler ces quatre besoins de l'enfant en vous; en effet, chaque fois que vous confierez la satisfaction d'un besoin, ou même d'une partie d'un besoin, à quelqu'un d'autre, vous devez vous attendre à une réaction immédiate de l'enfant en vous, qui hurlera de colère ou pleurera son chagrin. On ne peut leurrer l'enfant en soi. Les subterfuges et les rationalisations n'y changeront rien, vous ne pourrez faire semblant avec lui. Dès que vous aurez tendance à rechercher la symbiose avec quelqu'un d'autre que vous-même, la sonnette d'alarme vous rappellera que le bonheur n'est pas là.

Mais, je le répète, aimer inconditionnellement consiste à combler les besoins de l'enfant en soi de façon satisfaisante et non de façon parfaite. Vous vous demandez sûrement s'il existe une manière de savoir si les besoins sont comblés de façon satisfaisante ou pas. Oui, il y en a une, et elle est à la portée de chacun de nous. Il s'agit simplement d'être attentif à notre santé physique et mentale pour déterminer si nous réussissons à être un bon parent pour l'enfant en nous et si nous respectons notre engagement de l'aimer inconditionnellement.

En effet, si nous ne comblons pas de façon satisfaisante les besoins de l'enfant en nous, nous nous rendons malades à plus ou moins brève échéance. Ce phénomène s'appelle la «psychosomatisation» de nos besoins insatisfaits. Chez telle personne, cela se traduira par des grippes à répétition, chez telle autre, par d'importants maux de dos, ou encore des migraines sévères. Comme nous l'avons déjà constaté, notre corps nous parle. Donc, si l'on se donne la peine d'être attentif à ses propos, on ne tarde pas à trouver en quoi les besoins de l'enfant en soi ne sont pas comblés de façon satisfaisante. Cela ne veut évidemment pas dire de négliger les thérapies physiologiques ou de ne pas consulter des spécialistes si l'on en a besoin. C'est plutôt une invitation à être plus conscients de notre être unifié : corps, mental et âme.

J'ai lu, par exemple, dans l'excellent livre *Métamédecine*, de mon amie Claudia Rainville, que les problèmes aux bras (épicondylites, bursites, tendinites...) traduisent souvent une colère envers quelque chose ou quelqu'un dont on se sent dépendant mais dont on est incapable de se dégager. Les problèmes de peau (eczéma, psoriasis ou allergies cutanées) peuvent aussi, parfois, être liés au sentiment que l'on ne s'aime pas suffisamment et que l'on est, par conséquent, incapable d'aimer quelqu'un d'autre.

Il est évident que le fait de psychosomatiser ses besoins insatisfaits ne conduit pas au bonheur. L'enfant en soi aura peut-être, tout au plus, l'illusion temporaire qu'en étant malade on lui accorde de l'attention, mais il ne sera pas dupe longtemps de ce stratagème. Les maux devront donc être de plus en plus sévères pour augmenter l'attention, sans que l'on réussisse, cependant, à combler le besoin. Et pourtant, ce besoin n'exige que quelques minutes d'attention par jour de notre part, et de personne d'autre que nous. Un conjoint, un médecin ou un psychothérapeute ne peut que nous aider à prendre conscience de la situation et nous encourager à entreprendre la démarche qui mène à combler soi-même ses besoins, et recouvrer ainsi la santé.

Ce premier volet consistant à identifier les besoins de l'enfant et à réussir à devenir son propre parent est donc une étape importante pour arriver, à l'âge adulte, à établir une relation saine avec une autre personne. Sans la réalisation de cette étape, la relation est condamnée à être boiteuse, et même dysfonctionnelle à plus ou moins long terme.

Le deuxième volet, soit celui d'identifier vos besoins en tant qu'adulte, vous permettra d'explorer, en toute sérénité, qui vous êtes, ce qui vous intéresse dans la vie et avec qui vous avez envie de partager cette vie. À cette étape, vous parlerez de vos préférences dans une relation avec une autre personne au lieu de parler d'attentes, du goût d'être avec quelqu'un plutôt que du besoin d'être avec cette personne, du plaisir de partager et non de l'obligation ou du devoir de tenir un engagement.

Cette étape ne peut être vécue qu'après s'être complètement libéré de la dépendance affective et avoir gagné totalement la confiance de l'enfant en soi, qui est ainsi assuré que rien ni personne ne viendra lui voler sa place, c'est-à-dire la place la plus importante.

Les besoins de l'adulte ne sont pas, contrairement à ceux de l'enfant, identiques pour tous. Ainsi, une personne ressentira le besoin de croire en des valeurs spirituelles, et elle s'investira concrètement pour le satisfaire. Chez une autre, c'est le besoin de partager, par l'échange, l'écoute ou l'expression écrite, qui mobilisera beaucoup d'énergie, mais elle tirera de grandes joies de ces activités de partage. L'adulte qui identifie ses besoins prend donc les moyens pour les combler. Et il ne tombe pas malade s'il doit modifier ses plans en cours de route ou, encore, s'il réalise qu'il ne se sent pas vraiment à l'aise dans l'activité choisie ou au contact de certaines personnes de son entourage.

À mon avis, les besoins de l'adulte ont, comme ceux des enfants, une base universelle. Cependant, contrairement aux besoins de l'enfant qui doivent être comblés de façon séquentielle (d'abord sécuriser l'enfant, ensuite lui permettre de développer et d'affirmer son identité, et ainsi de suite), ceux de l'adulte sont comblés par lui-même de façon aléatoire.

Pour accéder au bonheur, tous les adultes doivent combler eux-mêmes tous leurs besoins d'adultes. Cette réalité peut sembler, *a priori,* inquiétante et aller à l'encontre du besoin de socialisation, mais il n'en est rien. Au contraire, réaliser que l'on est l'artisan de son propre bonheur est une prise de conscience des plus rassurantes pour un être humain.

Confier à quelqu'un d'autre une partie, même infime, de cette responsabilité, qu'il s'agisse du conjoint, de son enfant ou d'un ami, ne conduit toujours qu'à l'insatisfaction, à la peur de perdre l'autre et à la souffrance morale, émotionnelle et physique. Cela ne veut pas dire que l'on ne doive pas apprendre à recevoir l'amour des autres, mais tout simplement que l'on ne doit pas exiger cet amour et encore moins l'attendre pour être heureux.

Par ailleurs, l'observation des êtres humains adultes nous amène à constater que la plupart d'entre eux doivent combler les besoins suivants.

Le besoin de croire en des valeurs supérieures

Ces valeurs peuvent être de nature spirituelle ou matérielle, mais le choix de prioriser des valeurs spirituelles conduira l'adulte à la sérénité et à la capacité d'aimer véritablement.

Le besoin de s'aimer

L'adulte n'a pas, contrairement à l'enfant, le besoin d'aimer et d'être aimé. En effet, «aimer et être aimé» est plutôt une préférence, un goût ou un avantage de l'existence, qui peut être fort agréable mais qui ne doit jamais être considéré comme une nécessité.

Par ailleurs, l'adulte a le devoir de s'aimer lui-même et de ne compter sur aucune intervention extérieure pour accomplir cette tâche. En conséquence, penser qu'il est essentiel que les autres nous aiment, et attendre inlassablement cette reconnaissance, ne peut conduire qu'au compromis inacceptable et nous rendre faux pour être désirable.

Tous les enfants dysfonctionnels devenus des adultes souffrants ont cette croyance qu'ils doivent être aimés, et qu'ils doivent tout faire pour l'être, de telle sorte qu'ils arrivent au terme de l'existence déçus, désillusionnés, épuisés et conscients d'avoir perdu leur vie à attendre inutilement l'amour inconditionnel de leur entourage et la reconnaissance de leurs sacrifices.

Le besoin de partager

Les humains font partie d'une grande fraternité et le fondement de cette famille élargie, c'est le partage.

Tous les adultes ressentent le besoin de partager leurs expériences, tant positives que négatives, avec d'autres êtres humains. En partageant sa peine, un être humain l'atténue, alors qu'en partageant sa joie il augmente cette dernière. Il sort donc toujours gagnant de l'expérience.

Bien sûr, l'enfant que l'on n'a pas écouté ou qu'on a même ridiculisé lorsqu'il tentait de partager ses sentiments avec ses parents aura de la difficulté à s'ouvrir à nouveau et développera une grande méfiance à l'égard des adultes. Il est donc essentiel que l'adulte qui réalise l'importance du partage se substitue à ses parents biologiques auprès de son enfant intérieur afin de lui redonner le goût de se confier sans crainte et sans réserve pour qu'ensuite l'adulte, à son tour, soit capable de s'ouvrir aux autres, avec discernement bien sûr, mais sans réserve, sans honte et sans crainte du ridicule.

Le besoin de sexualité

Jusqu'à la puberté, l'être humain n'a pas de besoins sexuels. En effet, il ne découvre qu'au terme de la prime enfance qu'il a une identité sexuelle. Au fur et à mesure que l'on approche de la puberté, des attributs physiques viennent confirmer cette identité. Bien sûr, certains accidents de parcours, comme les abus sexuels physiques ou émotionnels, peuvent influer sur cette identité, indépendamment de l'enveloppe physique d'apparence masculine ou féminine.

L'adulte ressent, de façon très naturelle, ses besoins d'ordre sexuel. Tout comme pour les autres besoins réels, il peut les satisfaire lui-même en totalité. Malheureusement, de nombreux adultes s'accrochent encore à l'illusion qu'ils ont besoin d'un ou d'une partenaire pour satisfaire leurs besoins sexuels. Souvent, ils pensent à une personne en particulier et sont persuadés qu'ils ne pourront être satisfaits sexuellement qu'en ayant une relation avec ladite personne. Rien n'est plus faux et non fondé.

Entretenir ainsi l'illusion que l'on a besoin de quelqu'un de particulier, ou même de quelqu'un «tout court», pour satisfaire sainement ses besoins d'ordre sexuel conduit à l'esclavage sexuel, et parfois même à la déchéance.

Un adulte qui satisfait adéquatement ses besoins sexuels sait qu'il n'a besoin de personne pour le faire, et que la présence d'un ou d'une partenaire ne concerne absolument pas sa capacité de satisfaire son besoin. En effet, l'échange sexuel avec une autre personne ne vise essentiellement que la qualité et l'intensité du plaisir qu'un adulte peut ressentir en vivant une telle expérience. Mais, en recherchant ce plaisir, on ne devrait jamais y subordonner la liberté et la dignité d'un être humain. Sinon, le plaisir serait évidemment éphémère et n'apporterait rien de positif à cette personne.

Le besoin de s'accomplir

Tout être humain sent le besoin de s'accomplir, de se réaliser et d'être reconnu.

Le travail, au sens large du terme, constitue pour l'ensemble des adultes le moyen privilégié d'y parvenir et, comme l'a chanté Félix Leclerc, le meilleur moyen de détruire un être humain, c'est de le priver de cette possibilité.

Malheureusement notre société, pavée de bonnes intentions, a institutionnalisé le «non-travail», sous prétexte de charité chrétienne, privant ainsi des milliers d'êtres humains de cette possibilité de s'accomplir et de se réaliser dans la dignité.

Autres besoins

De façon secondaire et accessoire, les adultes sentiront, à l'occasion, la nécessité de combler d'autres besoins qu'ils jugeront essentiels. Évidemment, les marchands du temple capitaliste tentent par toutes sortes de moyens publicitaires de nous convaincre de combler ces autres besoins au détriment de nos besoins réels.

Comme adulte, je n'ai pas un besoin «réel» d'une automobile, d'une maison luxueuse, de boire telle ou telle boisson ou de manger tel ou tel aliment. Toute personne sensée conviendra cependant qu'il est plus agréable d'avoir suffisamment d'argent que d'en manquer, de pouvoir jouir d'un véhicule personnel pour se déplacer, de vivre un beau roman d'amour et de déguster, à l'occasion, un bon vin.

Le problème surgit lorsque ces besoins accessoires prennent le dessus sur les besoins réels et entretiennent l'illusion que nous serons plus heureux si nous les comblons au détriment de nos besoins profonds. Mais nous avons tous expérimenté la grande désillusion de réaliser que tel objet de consommation tant convoité ne nous avait pas apporté une once de bonheur malgré tous les rêves que nous avaient fait miroiter les prophètes de consommation.

Il ne faut donc jamais perdre de vue que la seule façon de ressentir une véritable paix intérieure, c'est tout simplement de devenir son propre parent et de combler adéquatement les quatre besoins de l'enfant en soi.

Tout le reste est du luxe agréable. On peut en profiter, mais en demeurant conscient que ce surplus ne nous est jamais essentiel pour ressentir un bien-être stable malgré les contretemps inévitables de la vie sur terre.

Pour l'adulte, changer de cap, trouver d'autres intérêts, mobiliser son énergie et même ses pulsions sexuelles par la créativité, ce n'est pas quelque chose de dramatique. Cela ne l'amène pas à ressentir de la peur ou de l'insécurité. Au contraire, cela le conduit à se sentir plus fort et plus heureux parce qu'il est libre de choisir sa vie.

Expérimenter cette liberté de choisir est aussi le gage d'une relation saine entre deux personnes qui décident de cheminer ensemble. La relation n'est alors plus basée sur des assises insuffisantes mais, au contraire, prend naissance pour des raisons valables et positives. Quelle que soit la relation entre deux personnes adultes, elle devrait toujours avoir comme résultat l'épanouissement et l'évolution de ces deux personnes. Elle devrait aussi permettre à chaque conjoint de quitter l'autre si, pour une raison ou pour une autre, cette personne se sentait étouffée dans la relation. Ce n'est qu'à ce prix que la relation peut durer avec la même ferveur que celle de l'amour naissant.

Le sociologue Francesco Alberoni, dans son livre *Le Choc amoureux,* émet l'opinion que deux personnes amoureuses peuvent aussi prolonger leur lune de miel si elles ont toutes deux la volonté de faire de leur amour un trésor à chérir et à conserver par des gestes quotidiens. Je le cite :

«Un amour naissant peut-il se transformer en un amour qui, pendant des années, conserve la fraîcheur de l'amour naissant? Oui. Cela peut arriver quand les deux partenaires réussissent à mener ensemble une vie active et nouvelle, aventureuse et intéressante, dans laquelle ils découvrent ensemble des intérêts nouveaux. […] En entreprenant un voyage, en affrontant une aventure, en acceptant un nouveau travail au loin, ils découvrent en eux-mêmes force et solidarité. Ce fait objectif confirme ce qu'ils ont compris intuitivement : leur force surgit de leur alliance, de leur amour. Mais la diversité, la nouveauté, l'extraordinaire agissent de façon plus subtile : ils éloignent le quotidien, ils réduisent le poids du passé qui menace toujours l'élaboration du projet. Pour que cela se produise, il n'est pas nécessaire que les amoureux partent dans des contrées inconnues. Ils peuvent rester sur leurs terres, mais il leur faut pouvoir les parcourir à nouveau d'une manière tout à fait différente; ils doivent pouvoir tracer des itinéraires nouveaux et pour eux chargés de signification.»

Plusieurs couples ne sont pas constitués de deux personnes adultes qui ont choisi en toute liberté de faire leur vie ensemble, mais ressemblent plutôt à des enfants souffrants chez qui la reconnaissance du «déjà vu» a occasionné une attirance immédiate et un besoin de symbiose.

Il est toutefois possible que deux personnes qui se sont choisies pour de mauvaises raisons se choisissent à nouveau, mais, cette fois, pour de bonnes raisons. Cela est cependant exceptionnel parce que, d'une part, il est rare que les partenaires en question choisissent tous les deux de se sortir de ce *pattern* en travaillant indivi-duellement sur leur propre dépendance affective et que, d'autre part, il n'est pas évident qu'une fois «guéries» ces deux personnes trouveront suffisamment d'affinités pour se sentir bien en compagnie l'une de l'autre.

Mais, dans tous les cas, une période de séparation plus ou moins longue, selon le cheminement respectif des deux personnes, s'avère nécessaire avant de repartir sur de nouvelles bases. Cela peut sembler paradoxal que, pour mieux se retrouver, il faut obligatoirement se séparer, mais cela ne pourrait se passer autrement.

Pour savoir si on devrait ou non poursuivre notre cheminement avec une autre personne, il faut, selon mon frère Louis, se poser deux questions : «Est-ce que j'ai le goût d'être avec cette personne?» et «Est-ce qu'au contact de cette personne je ressens du plaisir?» Les réponses à ces questions devraient vous mettre sur la piste et vous indiquer si oui ou non cette personne est un conjoint avec lequel vous serez heureux.

Je suis cependant d'accord avec Francesco Alberoni lorsqu'il affirme que la volonté des deux personnes en cause est importante. Un seul des partenaires ne peut entretenir la flamme d'un couple, il faut le concours des deux personnes. Cela peut se faire à tour de rôle, par de petits gestes en apparence très anodins mais qui viennent mettre du piquant et de la fantaisie dans la relation.

Par exemple, pourquoi ne pas surprendre votre conjoint qui part travailler à l'extérieur en laissant, dans sa valise, un billet doux qu'il découvrira après une journée fatigante? Et, arriver à la maison avec un petit cadeau, sans que ce soit pour souligner un anniversaire ou une fête commerciale, a toujours un effet positif sur celui ou celle qui reçoit le présent.

Faire ensemble du bénévolat est aussi une très bonne façon de sortir du quotidien et d'entretenir la flamme en donnant de l'amour aux autres. Sortir de sa bulle pour aller vers l'extérieur est une excellente façon d'attiser la passion. Comme l'a écrit Saint-Exupéry dans *Terre des hommes* : «Aimer, ce n'est pas se regarder l'un l'autre, c'est regarder ensemble dans la même direction.» Il n'est pas obligatoire de se rendre en Afrique ou dans un pays sous-développé pour faire des gestes d'altruisme. Les hôpitaux pour malades chroniques, les foyers pour personnes âgées, les organismes pour les sans-abri ont toujours besoin de bénévoles pour apporter un peu d'amour et de présence aux personnes isolées et presque coupées du reste du monde.

Il n'existe pas de recettes magiques pour entretenir la flamme entre deux conjoints. Il faut peut-être en conclure que la meilleure façon d'être heureux en couple consiste, avant toute chose, à prendre les moyens pour être heureux seul, et ce, en prenant l'engagement inconditionnel de s'aimer soi-même et d'être l'artisan de son bonheur.

Il faut aussi accepter le fait que certains jours cette flamme ressemble à un énorme brasier qui nous donne des ailes, et qu'en d'autres occasions elle soit toute petite, nous ramenant à cette réalité que l'être humain naît seul et meurt seul. Voir la flamme de l'amour entre conjoints comme un cadeau du ciel sans toutefois attendre de cette flamme qu'elle réchauffe notre âme, c'est, comme le dit Emanuel Swedenborg dans *L'Amour vraiment conjugal,* «la sagesse de l'amour et l'amour de cette sagesse».

J'ai envie de vous offrir, en guise de conclusion à ce chapitre, un très beau poème de Carlos Castaneida que m'a fait découvrir ma charmante voisine Marie. Il donne une piste intéressante quant au choix parfois difficile à faire, mais nécessaire, entre cheminer avec quelqu'un ou décider, à une croisée de chemins, de prendre une autre route.

Tu dois toujours garder à l'esprit qu'un chemin n'est qu'un chemin.
Si tu sens que tu ne dois pas le suivre, tu ne dois pas y demeurer pour aucune considération.
Chaque chemin n'est qu'un chemin.
Il n'y a pas d'offense à toi-même ni aux autres si tu le quittes, si c'est ce que ton cœur te dit de faire.
Mais ta décision de rester ou de quitter le chemin doit être libre de toute peur et de toute ambition.
Regarde ce chemin attentivement. Essaye-le aussi souvent que nécessaire.
Pose-toi ensuite une seule question, et à toi seul :
Ce chemin a-t-il un cœur ?

Tous les chemins sont semblables.
Ils ne mènent nulle part.
La question est de savoir si ce chemin a un cœur.
S'il en a un, ce chemin est bon.
S'il n'en a pas, il est inutile.

Les deux mènent nulle part.
Mais l'un a un cœur et l'autre pas.
L'un rend le voyage agréable et si tu le suis
Tu ne feras qu'un avec lui.
L'autre te fera maudire la vie.
L'un te rendra fort, l'autre t'affaiblira.

Que vous souhaiter de plus, que de trouver ce vrai chemin qui a un cœur, libéré de toute peur et de toute ambition? Si vous vivez en couple, ou que vous y aspirez, je fais aussi le vœu que vous constatiez, au fil des jours, des semaines, des mois et, pourquoi pas, des années, que ce chemin a créé, entre votre partenaire et vous, des liens d'amour et de complicité exceptionnels qui participent à vous rendre encore plus fort face aux épreuves inévitables de la vie, mais qui ne vous donnent jamais le sentiment de confier votre bien-être à cette personne qui partage votre vie.

Dieu nous éclaire, à chacun de nos pas,
Sur ce qu'il est et sur ce que nous sommes;
Une loi sort des choses d'ici-bas,
Et des hommes.

Cette loi sainte, il faut s'y conformer,
Et la voici, toute âme y peut atteindre :
Ne rien haïr, mon enfant ; tout aimer,
Ou tout plaindre!

VICTOR HUGO,
Les Contemplations.

5

Quelques pistes à explorer

ON TROUVE parfois que certaines journées sont longues, mais presque tout le monde est d'accord pour dire que la vie est courte. Aussi faut-il mordre à pleines dents dans cette vie et essayer de profiter au maximum de ce qu'elle nous offre.

La vie moderne comporte une bonne dose de stress. Parents et enfants ont des horaires chargés, et certaines obligations ne peuvent être évitées. Il est impensable d'envisager une vie qui ne comporterait que des loisirs et pas de travail. Mais tout est dans la façon de percevoir les tâches à accomplir. Évidemment, chaque tâche peut être perçue comme un fardeau ou, au contraire, on peut essayer d'y mettre du positif. J'ai un jour entendu la phrase suivante, dont j'ignore l'auteur, qui m'a beaucoup marquée : «Si tu ne fais pas ce que tu aimes, aime donc ce que tu fais!» Ce conseil tout simple peut expliquer la différence entre une personne heureuse et une autre qui ne l'est pas. Cette phrase nous amène à changer notre approche à l'égard de toutes nos activités, tout en nous invitant à choisir des activités qui nous conviennent.

Les aide-mémoire qui suivent regroupent différentes activités de loisirs ou de travail qui constituent des petits gestes pouvant générer de grandes joies. Certaines de ces activités peuvent être pratiquées très fréquemment alors que d'autres sont moins accessibles. Je les ai donc divisées en petits bonheurs hebdomadaires, mensuels et annuels. J'ai également fait une liste de rêves ou de projets qu'une personne peut espérer réaliser au moins une fois au cours de sa vie.

Évidemment, comme l'exception confirme la règle, vous sursauterez peut-être en voyant tel élément ou tel autre dans un groupe qui ne vous convient pas du tout. Il ne s'agit pas, en fait, de confiner une activité ou une autre dans une période prédéterminée. Je vous offre des pistes à explorer, comme l'indique le titre de ce chapitre. Par exemple, je suggère d'aller à la piscine dans la liste des petits bonheurs hebdomadaires alors que, pour moi, la natation fait partie des plaisirs quotidiens. Vous constaterez aussi que j'ai inclus dans l'aide-mémoire des projets à réaliser au moins une fois au cours de sa vie celui de se rendre au bord de la mer, tout en sachant bien que, pour plusieurs, il s'agit d'un pèlerinage annuel.

Comme je l'ai déjà fait, je vous suggère de préparer un aide-mémoire personnel, correspondant à vos goûts et à vos besoins. Pour ma part, j'ai constaté que les activités pratiquées plus régulièrement ont pour effet d'apaiser mon mental et d'augmenter ma joie de vivre. La routine ne me fait pas peur, elle m'apaise. Certaines personnes, dont je suis, ont besoin de rituels pour se sentir bien. J'ai remarqué qu'il en est de même pour la plupart des animaux. Observez un chien ou un chat; il adopte souvent une certaine routine, et semble moins heureux lorsqu'il ne peut suivre cette routine. Il faut bien sûr varier le menu et expérimenter du nouveau à l'occasion. Tout est dans le dosage!

J'invite ceux et celles qui accepteraient d'enrichir mes listes de nouvelles suggestions, en vue de la réimpression éventuelle de cet ouvrage, à m'écrire à l'adresse de mon éditeur donnée au début du livre.

Petits bonheurs hebdomadaires

❖ Parler à ses plantes et les arroser : il est maintenant reconnu que les plantes réagissent autant à l'amour que les animaux.

❖ Remplir les mangeoires des oiseaux : en observant le ballet aérien qu'offrent les oiseaux, on en profitera pour apprendre à reconnaître les variétés qui viennent nous visiter.

❖ Faire l'épicerie calmement, avec le sourire et avec une liste : depuis le jour où j'ai accepté d'accomplir cette tâche avec le sourire, j'ai beaucoup moins de stress et je découvre plein de bonnes choses que je n'avais pas le temps de voir lorsque je considérais cette tâche comme une corvée.

❖ Surveiller les spéciaux dans les épiceries et les pharmacies : ça permet de faire des économies et ça peut devenir un jeu intéressant, surtout lorsqu'on s'associe à d'autres personnes pour obtenir l'information.

❖ Écouter un bon film à la télé ou sur vidéo : ça détend et permet de ne plus penser à autre chose pendant une heure ou deux.

❖ Prendre un bon bain, avec des huiles essentielles, une bougie et une musique douce : l'aromathérapie a de plus en plus d'adeptes. Combinées à l'eau, certaines huiles procurent une détente instantanée. D'autres stimulent, ou dégagent les voies respiratoires.

❖ Téléphoner à un parent ou à un ami : le bonheur, c'est aussi de penser aux autres qui ont besoin de nous.

❖ Mettre au recyclage le papier et les objets recyclables : pensons «écologie»!

❖ Faire le ménage sans rouspéter et en considérant cette activité comme un «joyeux labeur» qui rendra notre intérieur beau et confortable : comme pour l'épicerie, c'est à faire avec le sourire, ou bien il faut se résigner à prendre une partie du budget pour le faire faire par quelqu'un d'autre.

❖ Lire au moins une page d'un texte sacré, comme la Bible ou un ouvrage semblable : pour ceux qui ne pratiquent aucune religion, ça remplace la messe d'autrefois et approfondit la connaissance de la vie et de l'être humain.

❖ Entretenir ses ongles : les soins esthétiques que l'on accorde à ses mains et à ses pieds, c'est aussi une façon de se dire «Je t'aime» et d'être raffiné dans les petits détails de son corps.

❖ Emmener son chien au parc ou en forêt : il sera fou de joie, mais on en retire probablement plus de plaisir que lui à le voir heureux et à savourer le contact avec la nature.

❖ Aller à la piscine ou pratiquer un sport dans un centre : une fois par semaine, c'est vraiment le minimum pour être en forme, mais ce serait préférable au moins trois fois par semaine.

❖ Se préparer un bon repas avec un vin de choix : c'est joindre l'utile à l'agréable.

❖ Investir un dollar dans l'achat d'un billet de loterie pour le plaisir de rêver : on dit que les gens chanceux aux jeux de hasard achètent peu mais régulièrement.

Petits bonheurs mensuels

❖ Aller au cinéma : on prend le temps de choisir un bon film, et on ne se prive pas de *popcorn*!

❖ Aller bruncher au restaurant : c'est plus économique qu'un souper et on se couche moins tard.

❖ Se faire une bonne fondue chinoise : on en profite pour jaser en préparant les sauces et en savourant lentement le repas.

❖ Terminer la lecture d'un bon livre : pour enfin le prêter à la copine qui l'attend avec impatience et pour passer à autre chose.

❖ Faire le tour de la maison et jeter les choses inutiles : on prend ainsi de l'avance sur le ménage du printemps ou un futur déménagement, et ça repose la vue.

❖ Faire le tour de la maison et s'assurer que les fenêtres sont propres pour bien laisser entrer la lumière : il n'y a rien de plus déprimant que de ne pas voir dehors, et si on le fait une fois par mois, les fenêtres sont moins difficiles à nettoyer.

❖ Nettoyer le réfrigérateur et le garde-manger, et jeter tout ce qui est périmé : c'est plus reposant pour la vue et moins risqué pour l'estomac.

❖ Ranger la pharmacie et jeter tout ce qui est périmé : en constatant le nombre de produits que l'on jette, on en achète en plus petite quantité la prochaine fois.

❖ Ranger la bibliothèque, les disques et les cassettes : ça évite les longues recherches le jour où l'on veut quelque chose de précis et que l'on est pressé.

❖ Faire de nouvelles programmations du subconscient pour le mois suivant : c'est une activité qui ne prend pas beaucoup de temps et rapporte beaucoup.

❖ Jouer à un jeu de société : surtout avec les enfants, mais pourquoi pas entre adultes ; il en sort de nouveaux chaque année.

❖ Consulter son carnet des anniversaires et acheter des cartes de souhaits : c'est un plaisir autant pour soi que pour ceux qui les recevront... surtout avec la variété de cartes qu'il y a pour toutes les occasions.

❖ Faire un gâteau aux bananes, des biscuits ou des muffins maison : en faisant une recette double, on peut en congeler pour les lunchs, et c'est tellement meilleur que les produits achetés.

❖ Préparer une bonne quantité de sauce à spaghetti et mettre en pots, au congélateur : c'est le dépanneur par excellence quand on ne veut pas cuisiner.

❖ Prendre toute une journée de congé pour faire quelque chose que l'on aime sans être dérangé par personne : magasiner, écrire, suivre un cours, rencontrer des amis, faire de la photo, etc.

Petits bonheurs annuels

❖ Se fixer au moins cinq buts à réaliser au cours de l'année : par exemple, une chose à apprendre, une chose à obtenir, un aspect de son caractère à travailler, un élément de sa condition physique à améliorer et un aspect de sa communication avec son entourage à améliorer.

❖ Faire le bilan de l'année précédente : vérifier si les objectifs de l'année qui se termine ont été atteints et, s'ils ne l'ont pas été, essayer de trouver pourquoi et envisager les correctifs appropriés.

❖ Prendre une semaine de vacances à l'extérieur de la maison : le dépaysement stimule le bien-être physique et mental ; de plus, au retour on apprécie davantage son chez-soi.

❖ Souligner son anniversaire de naissance en se faisant plaisir : c'est une façon agréable d'accepter de vieillir et d'être le roi ou la reine de la fête pour cette journée.

❖ Se faire donner un massage par un professionnel : les endroits offrant des massages sont de plus en plus nombreux, et de plus en plus appréciés de ceux qui les fréquentent.

❖ Visiter un salon du livre : c'est différent d'une librairie parce qu'on y rencontre les auteurs et les éditeurs, et que l'on peut assister à des tables rondes très variées.

❖ Aller chez le coiffeur : pour une nouvelle coupe, une nouvelle couleur, ou tout simplement le plaisir de se faire frictionner le cuir chevelu.

❖ Faire toiletter son chien et son chat : un animal aussi a besoin de soins corporels un peu plus en profondeur que ceux qu'on lui donne trop rapidement chez soi (couper les griffes, enlever les boules de poil…), et ça donne bonne conscience.

❖ Apprendre un texte par cœur (par exemple, une fable de La Fontaine) : ça garde l'esprit alerte, comme les jeunes à l'école.

❖ Apprendre au moins trois histoires drôles : cette autre façon d'exercer la mémoire a aussi l'avantage de faire sourire.

❖ Visiter un musée ou un site historique de sa région : on visite souvent les musées et les sites historiques d'autres pays en oubliant les nôtres.

❖ Mettre à jour son carnet d'adresses et de numéros de téléphone : cela évite bien des déceptions lorsqu'on veut joindre quelqu'un et ça libère le carnet d'informations inutiles.

❖ Organiser une fête avec toute la famille : il ne faut pas attendre les mariages et les décès pour fréquenter sa famille ; le temps passe vite et la famille se disperse.

❖ Donner du sang à la Croix-Rouge : ça peut sauver une vie.

❖ Rendre visite à une personne âgée dans un foyer : les personnes âgées qui vivent dans des foyers sont ravies de recevoir des visiteurs et elles peuvent nous apprendre des tas de choses intéressantes si on prend le temps de les écouter.

❖ Laver et faire sécher ses draps et son couvre-lit à l'extérieur sur une corde à linge au lieu d'utiliser la sécheuse : il n'y a rien de tel pour se coucher le sourire aux lèvres !

❖ Donner les vêtements que l'on ne porte plus à des organismes qui les recyclent : ça libère les garde-robes et les armoires tout en rendant quelqu'un d'autre heureux.

❖ Penser à un point faible sur lequel on veut travailler au cours de l'année pour s'améliorer : faire un plan d'action pour réaliser son objectif.

❖ Écrire une qualité que l'on aime en soi et que l'on veut exploiter au cours de l'année : trouver la façon dont on va utiliser cette qualité.

❖ Aller visiter une exposition : en plus des expositions agricoles, on a l'embarras du choix car il existe des expositions sur à peu près tout (maison, animaux, bateaux, motos, fleurs, bandes dessinées, informatique, chasse et pêche...).

❖ Aller danser dans un endroit romantique : si on n'a pas de partenaire, on peut aller suivre un cours de danse sociale ; dans toutes les écoles, le premier cours est toujours gratuit, pour nous laisser voir si on veut vraiment s'inscrire.

❖ S'acheter un grand parfum ou une eau de toilette de qualité : tous les grands magasins ont des bou-teilles et des échantillons d'essai pour nous per-mettre de faire un choix que l'on ne regrettera pas.

❖ S'acheter un beau vêtement : même si le budget ne permet pas de renouveler toute la garde-robe, ça remonte le moral de se payer un nouveau vêtement car, dans du neuf, on se sent toujours beau.

❖ Faire du bénévolat une fois dans l'année : que l'on consacre quelques heures à Nez rouge ou que l'on serve de la soupe aux démunis le jour de Noël, on se sent toujours fier de faire une action bénévole et ça développe en soi un sentiment d'amour universel.

❖ Visiter une pouponnière : contempler des nouveau-nés nous met dans un état d'âme impossible à obtenir par une autre activité ; si, en plus, on a la chance d'assister à un accouchement, le plaisir est décuplé.

Rêves et projets à accomplir
au cours d'une vie

❖ Se rendre au bord de la mer.

❖ Apprendre une langue seconde.

❖ Apprendre à se servir d'un ordinateur et à communiquer par Internet.

❖ Apprendre à jouer d'un instrument de musique ou suivre un cours de chant.

❖ Avoir au moins une fois un animal de compagnie.

❖ Visiter un aquarium.

❖ Visiter un zoo.

❖ Prendre l'avion.

❖ Faire une thérapie de croissance personnelle.

❖ Écrire ses rêves pendant au moins six mois.

❖ Suivre un cours de danse.

❖ Se procurer un appareil photo et photographier ce qu'on aime le plus.

❖ Prendre un bain de minuit.

❖ Faire du pain maison et le manger chaud.

❖ Tenir un journal pendant au moins un an.

❖ Apprendre à conduire une automobile.

❖ Apprendre à nager.

❖ Suivre un cours de dessin ou de peinture.

❖ Se faire photographier par un photographe professionnel.

❖ Enregistrer sa voix et l'écouter.

❖ Faire un voyage seul avec soi-même.

❖ Apprendre la méditation et la relaxation.

❖ Planter un arbre et se faire un jardin.

❖ Faire un montage ou un album avec des photos que l'on a prises soi-même.

❖ Faire agrandir et laminer une photo que l'on aime particulièrement.

❖ Assister à une représentation des Ice Capades ou de tout autre groupe de professionnels en patinage artistique.

❖ Aller voir un cirque professionnel.

❖ Assister à un opéra.

❖ Assister à un ballet (*Casse-Noisette*, *Le Lac des cygnes...*).

❖ Être le parrain ou la marraine d'un enfant et s'occuper vraiment de cet enfant.

❖ Se faire un cadeau d'enfant que l'on a toujours désiré quand on était jeune mais qui ne nous a jamais été offert.

❖ Correspondre avec une personne d'un autre pays.

❖ S'ils sont encore vivants, aller voir ses parents pour leur dire sincèrement qui l'on est.

❖ Se donner un défi spécial, comme escalader un glacier, et atteindre l'objectif fixé.

❖ Trouver sa voie sur le plan spirituel.

*L'âme en repos : un rien la touche,
rien ne l'atteint.*

LOUIS PAUWELS,
L'Apprentissage de la sérénité.

6

Pour le bien-être de l'âme

Au moment où j'écris ces lignes, nous sommes le 3 mai, il est huit heures du matin et je reviens d'une longue marche avec ma chienne, Soleil. J'ai profité du soleil levant pour aller m'aérer la tête et les poumons, car on annonce de la pluie pour cet après-midi et ce soir.

Chemin faisant, j'ai inspiré profondément en comptant jusqu'à trois et en imaginant que l'énergie et la santé me comblaient de bonheur. J'ai retenu tout ce positif à l'intérieur de moi, puis j'ai expiré la fatigue, l'insécurité et la peur.

Je marchais d'un pas rapide pour me rendre sur le golf à quelques minutes de ma maison. J'ai répété à plusieurs reprises les phrases «Petite Michèle, je t'aime» et «Ô Lumière, montre-moi où tu te trouves», en sachant bien que je m'étais promis d'écrire, à mon retour, cette section sur le bien-être de l'âme.

Une fois arrivée sur le golf, je me suis rendue sur une immense roche où j'aime m'asseoir pour méditer et prier. Je voyais le soleil et sentais sa chaleur, j'entendais le chant des oiseaux et du vent, et je regardais avec le sourire ma belle Soleil gambader sur les rochers comme une chèvre de montagne. Un sentiment de plénitude m'a envahie totalement et je me suis demandé comment il se faisait qu'à peine une semaine auparavant j'étais inquiète et nerveuse. J'ai réalisé qu'une fois encore mes difficultés se situaient beaucoup plus au niveau matériel et émotionnel qu'au niveau de l'âme.

Me posant inlassablement les mêmes questions au sujet de ma maison qui exige beaucoup d'entretien, de mon travail qui me laisse peu de temps libre et de ma relation de couple dont je ne peux prévoir le dénouement, je peux facilement me laisser envahir et broyer du noir. Par ailleurs, si je réussis à regarder très objectivement tous ces aspects de ma vie, puis à prendre du recul, je redeviens instantanément dégagée et souriante. «Voilà en quoi consiste le bien-être de l'âme», ai-je réalisé, toujours assise sur ma grosse roche comme un lézard qui se réchauffe au soleil.

Et plus se prolongeait cet état de grâce et de bien-être, plus je ressentais le besoin de remercier mon Créateur parce qu'une autre belle journée m'était donnée pour évoluer et pour goûter au plaisir d'être vivante. J'ai aussi pensé à Victor Hugo, mon ami invisible, et à ces phrases qu'il a écrites un jour et que cite Louis Pauwels : «Je veux écrire un livre où je montrerai que la prière est nécessaire, utile, efficace. […] Je ne passe pas quatre heures de suite sans prier. Je prie régulièrement, chaque matin et chaque soir.» Je me suis dit que, décidément, nous avions beaucoup en commun.

Revenant en pensée à cette partie de mon livre et à la façon de l'aborder, j'ai fait une prise de conscience intéressante. La voici : dans notre vie moderne, lorsqu'on parle de l'âme, c'est souvent pour exprimer l'insatisfaction plutôt que le bien-être. Remarquez les expressions les plus fréquemment utilisées : avoir mal à son âme, âme en détresse, vague à l'âme, âme tourmentée, pour ne citer que celles-là, et constatez qu'on entend rarement des expressions plus positives concernant l'âme.

En fait, même en cherchant pendant plusieurs minutes, je n'ai pas réussi à trouver une seule expression courante comportant le mot âme qui illustrerait la paix de l'âme et la sérénité. Dois-je en conclure que je suis une personne privilégiée et que, finalement, peu de gens ressentent un tel bien-être de l'âme ? Je ne le pense pas, car je sais que ce bien-être est aussi ressenti par beaucoup d'autres personnes qui y ont aspiré et qui ont pris les moyens pour l'atteindre.

Je suis par ailleurs persuadée que ce bien-être de l'âme n'est pas arrivé dans la vie de ces personnes comme ça, par hasard, sans qu'elles aient contribué à l'attirer chez elles et en elles. Cette conviction est basée sur mon expérience personnelle de même que sur l'expérience d'amis ayant vécu un cheminement similaire. En effet, ceux et celles qui connaissent une grande sérénité de l'âme présentent des caractéristiques et adoptent des attitudes que l'on pourrait qualifier de dénominateurs communs.

Il y a quelques années déjà, André Malraux déclarait que le XXIᵉ siècle serait spirituel ou qu'il ne serait pas. Cette phrase, à mon avis très juste, a fait le tour du monde et plus que jamais on entend parler de l'importance d'investir tout autant dans sa vie spirituelle que dans les aspects intellectuel et physique de sa vie. Voilà qui est fort intéressant, mais par quel bout entreprendre cette démarche? Quelles sont justement les caractéristiques et les attitudes communes à ceux et celles qui ont réussi une telle démarche?

Ces dénominateurs communs sont très simples, mais absolument essentiels à la réussite de la démarche. Sans eux, les mots «vie spirituelle» ne restent qu'un concept abstrait, un vœu pieux jamais concrétisé dans une action réelle et efficace.

La première et la plus importante attitude que doit avoir une personne aspirant à une vie spirituelle concrète et au bien-être de l'âme, c'est celle que l'on pourrait nommer «Désir». Pas un désir superficiel et irréfléchi, comme lorsqu'on a envie d'une nouvelle voiture, mais un désir profond et sincère, qui est justement un cri de cette âme assoiffée de lumière. Sans ce désir premier, toujours lié à l'intuition et non à l'intellect, la démarche vers le bien-être de l'âme ne peut débuter. Chez certaines personnes, ce désir apparaît dès le plus jeune âge, alors que chez d'autres il se manifestera à la suite de la perte d'un être cher, d'une maladie ou de toute autre épreuve ayant secoué leur âme. C'est d'ailleurs ce qui explique pourquoi tant de personnes, qui croient pourtant le désirer sincèrement, ne semblent pas avancer sur le plan spirituel, malgré le fait qu'elles suivent des cours, lisent sans arrêt et participent à de nombreux séminaires. En fait, elles n'ont jamais ressenti le moindre petit désir intuitif qui aurait pu les aider à amorcer le premier pas de la démarche, et leur désir ne se situait qu'au niveau du mental. L'intellect est souvent l'instrument qui nous met sur la piste, mais seule l'intuition nous met en contact avec le désir de l'âme.

La deuxième attitude, aussi importante parce que complémentaire au désir initial, se nomme «Volonté». En effet, même si l'on ressent un intense désir d'avancer spirituellement, sans la volonté, rien ne peut être accompli.

Le désir et la volonté pourraient être comparés à un frère et à une sœur perdus dans la forêt qui, marchant la main dans la main, veulent retrouver leur maison pour s'y reposer. Cette maison, l'âme, n'est en réalité pas très loin, mais tellement d'arbres, de fleurs, d'animaux sauvages et d'ombres viennent distraire nos deux copains et les détourner de leur but qu'ils mettent souvent plusieurs années à l'atteindre. À l'occasion, des temps d'arrêt s'imposent à eux pour leur permettre de se reposer et de refaire leurs énergies. Lorsqu'ils atteignent leur but, ils sont souvent un peu écorchés et affamés, mais le voyage en valait le coup.

Cette volonté de réaliser son désir se traduit par des gestes concrets, des pratiques, des réflexions et des méditations qui peuvent varier beaucoup d'une personne à une autre. Et pourtant, encore là, certaines réalités sont incontournables. À ce sujet, les grands prophètes qui ont marqué, par leurs interventions, l'histoire de toute l'humanité nous ont légué de nombreuses ressources pour entreprendre la démarche merveilleuse du retour à la maison de notre âme.

Ces ressources innombrables ne peuvent évidemment pas toutes être énumérées ici et je me contenterai donc de vous faire part de mes dix préférées. Peut-être sauront-elles participer à votre démarche, ou éveiller en vous des idées différentes et plus adaptées à vos besoins. Voici ces dix ressources efficaces :

❖ Appeler la conviction.

❖ Cultiver l'espérance.

❖ Pratiquer la charité.

❖ Combattre les vices en travaillant à développer les vertus.

❖ S'intéresser aux dix commandements de Dieu.

❖ Prier mentalement ou à haute voix.

❖ Écouter de la musique qui fait du bien à l'âme.

❖ Entretenir un contact heureux avec la nature.

❖ Lire régulièrement des textes sacrés.

❖ Écouter le silence.

A priori, certaines de ces ressources vous sembleront peut-être désuètes et vous vous demanderez en quoi certaines autres peuvent avoir un lien avec le bien-être de l'âme. J'ai cependant constaté, après avoir recherché la paix et la sérénité dans des chemins beaucoup plus tortueux, que la simplicité me conduisait toujours à bon port alors que toute approche sophistiquée me faisait tourner en rond.

Ces chemins tortueux ont pris l'apparence de consultations auprès de médiums, de recherches en ésotérisme, de travail en psychométrie et de tentatives pour découvrir mes vies antérieures, pour ne nommer que ceux-là. Mais très rapidement je me suis lassée de ces démarches stériles et me suis consacrée sérieusement à un travail en profondeur basé sur des ressources comme celles que je viens d'énumérer.

Ces dix ressources, dont je parle un peu plus en détail dans les pages suivantes, correspondent sans doute à ma nature classique et structurée qui exige avant tout la présence du gros bon sens et qui se manifeste toujours, lorsque j'entreprends une démarche, par le besoin de résultats tangibles.

Je peux vous assurer que, si je n'avais pas obtenu de résultats, je n'aurais pas écrit une seule ligne de ce livre. En effet, je ne pourrais, en toute honnêteté, vous inviter à une démarche qui n'aurait pas fait ses preuves chez moi. J'aurais l'impression de vous faire perdre votre temps. Toutefois, je ne peux vous garantir que les choses se dérouleront exactement de la même façon pour vous, mais vous saurez qu'au moins une personne sur terre a, par cette démarche très simple, réussi à trouver le bien-être de l'âme. Et si, comme je le pressens, cette démarche conduisait des milliers d'autres personnes à ce même état, peut-être pourrions-nous constituer une chaîne d'amour devant laquelle les forces négatives s'évanouiraient d'épouvante.

Appeler la conviction.

La conviction doit, selon moi, être basée sur l'expérience personnelle pour être génératrice de paix. J'ajouterais même que, sans cette expérience, aucune conviction ne peut naître chez un individu. La foi aveugle qui ne prend pas racine en nous-mêmes, qui nous est léguée ou même imposée par notre entourage, n'amène pas le bien-être de l'âme. L'échec des religions, particulièrement au Québec, malgré l'emprise incroyable qu'elles ont exercée sur toute une société à l'âme souffrante, démontre bien cette réalité.

Certains croyants pouvaient bien assister à la messe tous les dimanches, allumer des lampions, acheter des indulgences et se torturer en pensant aux feux de l'enfer, ils n'en étaient pas plus heureux et en paix. D'autres croyants et pratiquants, d'une religion ou d'une autre, ont plutôt effectué un cheminement personnel qui les a menés à une foi éclairée et à des convictions solides; ces personnes ont sans doute trouvé la paix de l'âme.

Appeler la conviction implique que vous demandez très sincèrement à la vie et à vos guides de vous conduire vers toutes les expériences nécessaires à votre évolution et indispensables à l'acquisition de cette conviction. Certaines expériences seront merveilleuses et vous permettront de vivre des joies incomparables. D'autres seront plus difficiles et vous mettront en contact avec des souffrances inévitables. Par contre, en traversant ces difficultés, vous en comprendrez le sens et constaterez qu'elles vous transforment comme le feu raffine l'or brut.

Accepter de vivre ces expériences pour arriver à la conviction est une garantie qu'on ne reculera pas. La foi aveugle qui n'a pas ses racines au fond de soi ressemble à un bateau qui va à la dérive dès que le vent s'élève et qui peut rapidement couler si les vagues deviennent trop hautes. Par contre, la conviction basée sur l'expérience personnelle permet de survivre à toutes les tempêtes, intellectuelles, physiques ou émotionnelles, sans que le bateau change de cap. Ça, je peux vous le garantir.

Cultiver l'espérance.

On dit parfois que l'espérance est le rêve d'un homme éveillé, ou encore que c'est un emprunt fait au bonheur.

Cultiver l'espérance dans un contexte de recherche de bien-être de l'âme englobe beaucoup plus qu'un rêve. Cette action apporte, assez paradoxalement, une conscience plus aiguë de la réalité présente tout en procurant une vision optimiste de la réalité future. Pour comprendre cette attitude qui peut être utilisée en rapport avec tout ce qui nous touche, prenons l'exemple du temps qu'il fait. Si j'aime beaucoup le soleil et n'apprécie guère la pluie, je risque d'être malheureuse chaque fois qu'il pleut si je n'ai pas la certitude que le soleil reviendra. L'attitude d'espérance me fait donc passer à travers les gouttes de pluie au lieu que je me noie sous elles. Vous me direz peut-être qu'une telle attitude risque d'assombrir mes journées ensoleillées, puisque je pourrais penser à la pluie qui va venir. Eh bien non, puisque l'être humain est ainsi fait que, s'il ressent un bien-être réel, il ne projettera pas automatiquement des idées noires sur ce bien-être. Une personne qui agit ainsi ne démontre pas une attitude d'espérance, mais plutôt des attitudes d'appréhension et de peur qui sont tout l'opposé de l'espérance.

Cultiver l'espérance, c'est également une façon d'apprendre la patience et la tolérance envers soi-même, envers les gens qui nous entourent et envers la vie en général. L'espérance peut aussi apporter un éclairage positif sur certaines difficultés que nous devons traverser, en nous permettant de leur donner un sens et de réaliser qu'elles ont été placées sur notre route pour nous faire avancer.

Cultiver l'espérance n'a cependant rien à voir avec le refus d'apprendre à être heureux ici et maintenant en entretenant l'idée que le bonheur viendra demain, lorsque tel événement se sera produit dans notre vie ou que l'on aura obtenu tel bien matériel. Au contraire, l'espérance augmente l'intensité de chaque petit plaisir quotidien en nous permettant de dédramatiser les obstacles, de prendre avec humour les critiques et de savoir que l'orage le plus terrible se termine toujours par un arc-en-ciel.

L'espérance, du point de vue spirituel, m'aide à prendre conscience que chaque pas me fait avancer vers une plus grande sérénité, que je ne peux perdre ce que j'ai acquis et que l'avenir ne peut qu'être meilleur. Comme le disent les amoureux : «Plus qu'hier et moins que demain.»

Cultiver l'espérance aurait pu sauver toutes ces personnes qui ont opté pour le suicide parce que leur souffrance leur semblait intolérable et parce qu'elles n'entrevoyaient aucune perspective d'amélioration. L'espérance pourrait également brancher sur la joie de vivre les personnes qui se laissent envahir par une grande souffrance morale, pendant des mois et même des années, parce qu'elles ne sont pas capables de faire la part des choses et de prendre le recul spirituel nécessaire pour mieux assumer les épreuves de la vie.

Pratiquer la charité.

«Aime ton prochain comme toi-même» est le plus important message que nous ait livré Jésus lors de son passage parmi nous.

Aimer son prochain comme soi-même libère toute personne qui s'y applique de préjugés envers ses frères. Aucune discrimination quant à la race, la couleur, le milieu social ou l'orientation sexuelle ne peut survivre en présence de cette pratique assidue.

On a parfois tendance à voir la paille dans l'œil du voisin et pas la poutre dans le nôtre. La charité nous délivre de cette tendance. Elle nous aide à ne pas mettre d'étiquettes sur les gens et à améliorer notre perception de nous-mêmes et des autres. En effet, nous sommes tous, à tour de rôle, victime et sauveur, auditif et visuel, parent directif et enfant insoumis, fort et faible, juge et partie, contrôleur et contrôlé. La charité nous aide à reconnaître les rôles que nous jouons, consciemment ou inconsciemment, et à ne pas juger ceux qui, dans leur cheminement, pourraient être amenés à jouer de tels rôles.

La charité amène aussi celui ou celle qui la pratique à la miséricorde et au pardon. La personne qui pratique la charité cherche à comprendre ce qui a pu amener quelqu'un à poser telle action ou à prononcer telle parole ; elle lui trouve des circonstances atténuantes au lieu de lui prêter de mauvaises intentions.

Essayer de comprendre les autres autour de nous, de développer de la compassion envers eux constitue sûrement un bon investissement pour notre vie spirituelle. Cette attitude est également une source de paix émotionnelle, car elle peut désamorcer bien des conflits, à la maison comme au travail.

Pratiquer la charité amène aussi l'être humain à être généreux de lui-même et de ses biens. Donner un sourire, une poignée de main, des conseils, être à l'écoute, partager ses talents manuels sont autant de façons d'être généreux, autant que d'offrir des biens matériels comme de l'argent, de la nourriture ou des vêtements. Il faut bien sûr user de son jugement, comme en toute chose, et ne pas oublier que «charité bien ordonnée commence par soi-même».

La personne charitable ne calcule pas et ne fait pas de procès d'intention à celui ou celle qui lui demande un service ou de l'aide morale. Elle écoute avant tout son cœur et ne mesure pas ce qui lui sera donné en retour. C'est ce qui procure un grand bien-être à l'âme, qui ressent presque toujours plus de joie à donner qu'à recevoir.

En fait, pratiquer la charité n'est pas vraiment un geste altruiste, bien que cela puisse en avoir l'apparence, puisque, en étant bon, miséricordieux et généreux, on reçoit plus sur le plan spirituel que ce qu'on a donné sur le plan matériel.

Combattre les vices en travaillant à développer les vertus.

Ma grande amie Yvonne, qui est une des personnes les plus sages que je connaisse, utilise le mot «défacultés» en opposition au mot «facultés», au lieu de parler de vices et de vertus. C'est une façon intéressante, et à connotation moins religieuse, d'aborder cette question qui peut sembler un peu trop moraliste pour certaines personnes.

Mal comprise, la question des vices et des vertus peut provoquer du sarcasme; par exemple, certains diront qu'ils ne veulent pas devenir des saints avant leur mort. Consciente de ma propre imperfection et ayant fait la paix avec celle-ci, je demeure néanmoins convaincue qu'une bonne façon d'arriver à la paix de l'âme est de prendre le taureau par les cornes et de regarder bien en face ces «défacultés», pour employer l'expression d'Yvonne, et de voir comment ces tendances négatives peuvent entraver notre cheminement spirituel.

Quelles sont donc ces «défacultés»? Ceux et celles qui ont mon âge les reconnaîtront assez facilement, alors que, pour les plus jeunes, ce sera peut-être une découverte. Il s'agit en fait de sept défauts importants qui nuisent à l'évolution spirituelle, et qui devraient être remplacés par leurs facultés contraires.

Voici donc, en parallèle, ces «défacultés» et leurs facultés contraires.

Défacultés	*Facultés*
Orgueil	Humilité
Colère	Patience
Paresse	Ardeur au travail
Envie	Empathie
Gourmandise	Tempérance
Avarice	Générosité
Impureté	Pureté

Il ne m'apparaît pas nécessaire de discourir longtemps sur ces «défacultés» et facultés pour vous convaincre des effets, négatifs ou positifs, que chacune d'entre elles peut avoir sur votre vie en général, et plus particulièrement sur votre vie spirituelle.

D'ailleurs, de nombreux adages nous font comprendre cette réalité : «L'orgueil tue son maître», «La paresse est la mère de tous les vices», «La colère rend aveugle»... Quant aux qualités ou vertus, elles ne suscitent toujours que des commentaires élogieux au sujet de ceux et celles qui les possèdent. Les gens vertueux se distinguent par leur beauté intérieure et extérieure. En effet, une lumière spéciale illumine toujours leur regard.

S'intéresser aux dix commandements de Dieu.

Chaque année, durant la période pascale, je ne rate jamais le film bien connu *Les Dix Commandements de Dieu,* avec Charlton Heston dans le rôle de Moïse et Yul Brynner dans le rôle du pharaon. Je regarde aussi le magnifique film de Zeffirelli, *Jésus de Nazareth.* Pour rien au monde je ne raterais ces deux films, que j'ai pourtant vus des dizaines de fois mais qui réussissent toujours à capter mon attention et même à m'arracher quelques larmes.

Je me suis longtemps demandé à quoi était dû un tel engouement de ma part pour ces films et comment il se faisait que je ne me lassais jamais de les revoir. La réponse est très simple : ces films et leur message touchent mon âme. Et lorsque mon âme est touchée, c'est merveilleux parce que, d'une part, je sens sa présence et que, d'autre part, elle m'indique la voie à suivre pour répondre à ses attentes.

La plupart d'entre nous avons appris par cœur les dix commandements de Dieu lorsque nous étions très jeunes. Mais nous n'avons peut-être pas pris le temps, rendus à l'âge adulte, d'y jeter un regard tout neuf à la lumière de notre vécu.

Ce regard tout neuf, j'ai eu la chance de le poser en prenant connaissance des explications d'Abd-ru-shin dans *Les Dix Commandements de Dieu.* Cet auteur a aussi écrit le *Message du Graal,* auquel j'ai déjà fait référence dans mes livres précédents.

J'ai d'abord compris que les dix commandements représentent en quelque sorte des conseils fort judicieux, une marche à suivre pour que les êtres humains soient plus heureux et en paix avec eux-mêmes et les autres. Notre Créateur ne donne pas des ordres, il est l'Ordre suprême à travers ses lois. L'être humain qui n'accepte pas de connaître ces lois et de s'y conformer ne provoque absolument pas le châtiment de son Créateur, mais il se place lui-même en situation de souffrir chaque fois qu'il transgresse cet Ordre établi.

J'ai aussi réalisé que nous éprouvons de la difficulté avec quelques-uns de ces conseils et pas du tout avec d'autres. Il s'agit donc d'identifier le ou les commandements sur lesquels nous voulons spécifiquement travailler et de trouver les moyens pour améliorer notre comportement. Quant aux commandements avec lesquels nous avons moins de difficulté, nous n'avons qu'à être vigilants pour conserver notre «bon vouloir» et notre «bien agir» à leur sujet. Il ne faut cependant pas se raconter des histoires, mais plutôt faire un bon examen de conscience avant de décréter que nous respectons parfaitement tel ou tel commandement. Pour ce faire, il s'agit de poser un regard neuf sur chaque commandement, puis de poser notre regard sur notre vécu personnel. C'est en faisant cet exercice fort simple mais très efficace qu'on réussit à poser un diagnostic précis.

Les dix commandements de Dieu, historiquement transmis aux hommes par Moïse, et retransmis par Abd-ru-shin, sont les suivants :

Les dix commandements de Dieu

❖ Tu dois n'adorer que Dieu et rien d'autre.

❖ Tu ne dois pas prononcer le nom de Dieu en vain.

❖ Tu dois te réserver un jour de repos à la grâce de Dieu.

❖ Tu dois honorer la notion de Paternité et de Maternité.

❖ Tu ne dois pas tuer physiquement ou moralement.

❖ Tu ne dois pas détruire la paix d'une union véritable.

❖ Tu ne dois pas dérober les biens d'autrui.

❖ Tu ne dois pas calomnier ton prochain.

❖ Tu ne dois pas convoiter un être humain comme un objet.

❖ Tu ne dois pas convoiter toute chose qui appartient à ton prochain.

❖ *Tu dois n'adorer que Dieu et rien d'autre.* Ce premier conseil est le plus important dont nous ayons besoin, mais il n'est pas toujours facile de le respecter. Si nous nous observons, nous réalisons en effet que le «veau d'or» est souvent présent dans notre vie. Pour une personne, il s'agit de son conjoint, pour une autre, ce sera son enfant; certains adorent leurs biens matériels et, pour bien des gens, le centre de leur vie se résume à leurs distinctions honorifiques. Nous employons trop souvent à la légère le mot «adorer» : «J'adore un tel ou une telle, j'adore ceci ou cela.»

Tout penchant ou dépendance de quelque nature que ce soit constitue un risque de ne pas respecter le premier commandement. On devient très vite esclave d'un penchant, qu'il s'agisse du sexe, de l'alcool, du travail démesuré, du sport ou de l'abus de nourriture. Même en se justifiant par les motifs les plus nobles, on ne peut jamais avoir la paix de l'âme en adorant une personne ou une chose autre que notre Créateur.

Respecter le premier commandement de Dieu est aussi une bonne façon de nous préparer à être suffisamment dégagés, au jour de notre mort, pour nous détacher facilement de notre corps et de nos liens terrestres.

❖ *Tu ne dois pas prononcer le nom de Dieu en vain.* Un très grand nombre de personnes transgressent ce deuxième conseil. Elles ne le font peut-être pas toujours consciemment, mais plutôt à la légère ou parce que c'est une mauvaise habitude qu'elles ont acquise dans leur milieu.

Mais parler incorrectement en utilisant des sacres n'est pas la seule façon d'enfreindre ce commandement. Sont également fautifs les gourous et les sectes qui recrutent, au nom du Très-Haut, des personnes vulnérables en quête de lumière et qui exploitent leur crédulité en leur faisant des lavages de cerveau qui les privent de leur libre arbitre.

Les pires énormités ont été commises, et le sont encore, au nom de Dieu. Autrefois, pour des questions de religion, on a immolé des gens sur des bûchers; aujourd'hui, pour des raisons semblables, des citoyens d'un même pays s'entre-tuent quotidiennement. Les siècles passent mais la transgression du deuxième commandement se poursuit. Les acteurs de ces transgressions changent de masques en invoquant toujours de nouvelles justifications, mais ils n'en demeurent pas moins coupables pour autant.

❖ *Tu dois te réserver un jour de repos à la grâce de Dieu.* On entend parler de plus en plus de *burn-out*, de stress et de décrochage, sans toutefois se demander quelles sont les causes spirituelles de ces malheurs. On a tendance à penser davantage aux causes physiques et psychologiques en recommandant une consommation accrue de vitamines et la libération psychique par toutes sortes de distractions. Mais on oublie une partie importante de l'être humain qui réclame, elle aussi, un peu d'attention et de considération.

Dans le rythme infernal du métro-boulot-dodo, l'âme est souvent mise au rancart. On se dit qu'un jour on lui accordera un peu de temps, mais les semaines passent sans que l'on agisse véritablement. Le jour du Seigneur, au cours duquel les pratiquants se rendent à la messe, répond justement à ce conseil donné aux hommes pour les aider à avoir un plus grand équilibre dans leur vie.

Celui ou celle qui réalise l'importance de ce commandement et qui réussit à s'autodiscipliner n'a pas nécessairement besoin d'assister à un office religieux pour vivre pleinement ce qu'il propose. Il suffit tout simplement de choisir un moment pour prendre contact avec son âme et se recueillir afin d'examiner la semaine qui vient de se terminer. On peut alors faire le bilan de cette semaine au regard de nos idéaux spirituels d'évolution. En négligeant ce commandement, nous risquons de constater, à la fin de nos jours, que nous avons gaspillé le temps précieux qui nous était accordé pour avancer vers un niveau de conscience toujours plus élevé.

Respecter ce conseil permet aussi le repos du corps et du mental. Sans ce repos, il se crée tôt ou tard un déséquilibre qui empêche d'accéder au bien-être et qui conduit toujours à la maladie.

❖ *Tu dois honorer la notion de Paternité et de Maternité.* Au sujet de ce commandement, Abd-ru-shin nous précise ceci : « Ce commandement n'implique pas des considérations de la personne mais, au contraire, la *notion* de la paternité et de la maternité. Il s'adresse donc en premier chef non pas aux enfants, mais bien aux *parents* eux-mêmes en exigeant d'*eux* qu'ils maintiennent la dignité de leur condition de parents ! Le commandement impose aux parents des devoirs absolus, exige d'eux qu'ils restent toujours parfaitement conscients de leur haute mission en ne perdant jamais de vue la responsabilité qu'elle implique. »

Et il ajoute, en parlant des enfants : « Mais, pour les enfants, ce commandement sera sacré et vivant, grâce à leurs parents. Ils ne pourront de toute façon faire autrement qu'honorer leur père et leur mère de toute leur âme, quelle que soit la nature de ces enfants eux-mêmes. Ils y seront inévitablement amenés par la façon de vivre de leurs parents. Et malheur alors à ceux des enfants qui n'obéiraient pas pleinement à ce commandement. Un lourd karma pèserait alors sur eux et cela à juste raison. »

On doit donc comprendre que ce commandement exige un respect réciproque de la part des parents et des enfants, et que les uns comme les autres ont l'obligation de s'y conformer.

❖ *Tu ne dois pas tuer physiquement ou moralement.* Est-ce que quelqu'un vous a déjà adressé les paroles suivantes : «Tu me tues!», «Tu me fais mourir à petit feu», «Tu m'empoisonnes la vie» ou encore «Tu vas finir par avoir ma peau»?

J'espère bien que non, sinon vous devrez faire un examen de conscience en rapport avec ce commandement qui défend de tuer son prochain.

A priori, lorsqu'on parle de tuer quelqu'un, on pense immédiatement au fait de lui enlever la vie physique d'une manière très visible et, en général, violente. Mais nous savons tous qu'il est tout aussi grave d'entraver le bonheur et la liberté d'une autre personne, quelles que soient nos raisons de le faire.

La dépendance affective est une façon de tuer la personne qui en est le bouc émissaire. Un parent trop possessif ou trop ambitieux peut également tuer son enfant, spirituellement et psychologiquement, sans s'en rendre compte. C'est ce qu'illustre l'excellent film *Le Prodige,* dans lequel un père ambitieux détruit son enfant exceptionnellement doué pour la musique.

Travailler à s'aimer soi-même est la meilleure façon de ne pas tuer l'autre.

❖ *Tu ne dois pas détruire la paix d'une union véritable.* On constate que le nombre de divorces augmente et que plusieurs couples n'acceptent plus de continuer à vivre ensemble, pour de simples considérations d'ordre matériel ou social, lorsqu'ils réalisent qu'ils ne peuvent plus s'épanouir au sein de leur union.

Comment réconcilier le mode de vie actuel, qui implique un plus grand respect de la liberté individuelle et qui remet en question certains engagements effectués au nom de la famille, et ce commandement qui porte à croire que, une fois engagé dans une union, un couple ne devrait jamais être séparé, sous aucun prétexte?

Pour répondre à cette question, je vais encore citer Abd-ru-shin. Dans l'ouvrage sur le message du Graal, il explique très clairement en quoi consiste une union *véritable* et il avertit toute personne, y compris les parents, de prendre garde de ne pas détruire ou empêcher de telles unions.

«Il n'y a de véritable union que là où règnent de toute évidence l'harmonie et la paix, où l'un des partenaires ne vit que pour l'autre et cherche à le rendre heureux. Dans ces conditions, l'isolement et l'ennui mortel qui induisent en tentation tant de personnes sont absolument exclus *a priori* et pour toujours, tout comme le périlleux désir de se divertir ou l'illusion d'être incompris. […] Mais une union qui ne connaît ni paix ni harmonie n'est pas digne de ce nom. Car ce n'est pas une union mais uniquement une association terrestre n'ayant nulle valeur devant Dieu. Elle ne peut donc répandre la bénédiction dans le sens précis qu'une union authentique fait espérer.»

Il ne faut jamais troubler la paix et l'harmonie entre deux êtres humains qui vivent une union complète et heureuse. Les parents qui auraient l'ambition d'unir leur enfant à un partenaire qu'ils ont eux-mêmes choisi, pour des raisons d'ordre social ou matériel, et qui empêchent cet enfant de poursuivre une union véritable avec le partenaire qu'il a lui-même choisi commettent donc une faute grave et ne respectent pas ce commandement.

Il en est de même pour un homme ou une femme qui ferait tout en son pouvoir pour séduire une personne par simple convoitise sexuelle, ou pour toute autre raison superficielle, alors que cette personne vit déjà au sein d'une union véritable. Dans ce cas, il est fort probable que la personne convoitée ne tombera pas dans le piège proposé. Néanmoins, celui ou celle qui met délibérément tout en œuvre pour détruire un couple est coupable et, par la même occasion, nuit à sa propre paix intérieure. D'autre part, une personne qui s'accroche à une union de façade par insécurité matérielle ou affective et qui empêche son partenaire d'aller vers une union véritable en le manipulant est tout aussi fautive que celui ou celle qui détruit une telle union.

❖ *Tu ne dois pas dérober les biens d'autrui.* Les biens d'autrui ne se limitent pas aux possessions matérielles ; ils comprennent également la propriété morale et intellectuelle. La réputation d'une personne, ses pensées, ses écrits, l'opinion qu'en ont les gens, son originalité de tempérament et de caractère, son humour sont autant de «biens» susceptibles d'être dérobés par les autres.

Il est très facile d'oublier ce commandement et de l'enfreindre plusieurs fois dans une même journée. Il faut donc sans cesse se rappeler à l'ordre pour le respecter parfaitement.

Pour apprendre à respecter ce commandement, on peut délibérément adopter l'attitude opposée à son infraction. Au lieu de dérober les biens des autres ou de nuire à leur réputation, même à la blague, on s'efforcera donc de mettre l'accent sur leurs points forts en faisant l'éloge de leurs réalisations et de leurs mérites. En prenant l'habitude d'agir ainsi en toutes circonstances, on développe une droiture à toute épreuve et on se sent toujours la conscience bien en paix.

❖ *Tu ne dois pas calomnier ton prochain*. Faire un faux témoignage contre quelqu'un peut avoir des répercussions encore plus graves que de lui infliger des blessures physiques. La peau se cicatrise et se régénère, mais les blessures du cœur et de l'âme sont parfois irréparables.

Certaines personnes ont comme passe-temps préféré de critiquer les autres ou de leur faire des procès d'intention. En plus d'être un manquement au devoir de charité qui nous incombe, le fait de calomnier est un agent corrupteur qui empoisonne une ambiance saine génératrice de respect mutuel et de joie.

Observez un groupe de travail ou d'amis dans lequel le bavardage calomnieux fait son œuvre. En très peu de temps, la méfiance s'installe, le mépris suit de près et, finalement, chacun se sent menacé d'être abaissé par les autres en son absence. Le mot «bonheur» n'a vraiment plus de place au sein d'un tel groupe, et il est difficile de se débarrasser de cette fâcheuse ambiance lorsqu'on l'a laissée s'y établir.

Inversement, lorsque chacun se mêle de ses affaires et ne se permet pas de commentaires sur les allées et venues des autres, leurs fréquentations, leur façon de s'habiller ou leur façon de manger, tout le monde se sent dégagé et heureux. Ma mère avait l'habitude de dire que la meilleure façon de se sentir bien et en paix est de «Vivre et laisser vivre». Elle avait très bien compris le sens du huitième commandement.

❖ *Tu ne dois pas convoiter un être humain comme un objet*. Pendant des siècles, ce commandement était davantage adressé aux hommes qu'aux femmes. Mais, en raison de l'évolution de la société moderne, il arrive maintenant que les hommes, tout autant que les femmes, se sentent réduits à des objets de consommation pour satisfaire des besoins d'ordre sexuel ou affectif.

L'être humain vit bien sûr un grand paradoxe lorsqu'il est confronté à la fois à son instinct purement animal et à son idéal de vivre un amour véritable empreint d'harmonie physique, psychique et spirituelle.

La personne qui tombe dans le piège de la convoitise et s'unit à une autre personne sans vraiment ressentir d'affinités psychiques et spirituelles avec celle-ci ne peut espérer un réel bien-être de l'âme, même si toute union peut et doit contribuer à l'évolution des deux êtres humains embarqués dans une telle galère. Les plus grandes passions se terminent, et elles occasionnent souvent de grandes souffrances à ceux qui en sont esclaves.

La discipline et le maintien de la pureté de nos pensées, en toutes circonstances, permettent de ne pas succomber à des tentations qui ne correspondent pas à notre idéal et à l'estime que l'on doit avoir de soi-même et des autres. Éviter les situations susceptibles de faire surgir ces tentations est également un excellent moyen de respecter ce commandement.

Rechercher le sens de l'amour véritable, la noblesse des sentiments et l'orientation efficace de notre force sexuelle est aussi un antidote puissant à la tentation de ne voir, en regardant un être humain, qu'un simple objet de convoitise.

❖ *Tu ne dois pas convoiter toute chose qui appartient à ton prochain.* Les envieux et les jaloux ne trouvent jamais le repos de l'âme. Pour ceux et celles qui souffrent d'envie et de jalousie, tout devient objet de convoitise.

Au lieu d'être attentives à leur vie, d'apprécier ce qu'elles possèdent et de réaliser généreusement le travail qu'elles ont à accomplir, les personnes qui ne suivent pas ce conseil judicieux épient sans cesse tout le monde autour d'elles, comparent toujours ce qu'elles possèdent avec ce que les autres ont, et en arrivent même à mesurer la quantité et la qualité du travail effectué de peur d'en faire plus que les autres. Ces personnes sont tellement concentrées sur les autres qu'elles ne réussissent jamais à profiter pleinement de ce que la vie leur offre.

Prier mentalement ou à haute voix.

Il n'est pas nécessaire d'adopter des formules toutes faites pour prier. D'aussi loin que je me souvienne, j'ai toujours aimé prier. Par exemple le matin, comme je l'expliquais au début du livre, pour remercier mon Créateur de m'avoir donné la vie, la santé, l'intelligence et la volonté d'évoluer. De plus, ayant été pensionnaire pendant de nombreuses années, j'ai souvent participé à des événements comme les «quarante heures» et j'en ressentais de grands bienfaits.

Je ne pratique plus depuis plusieurs années, mais j'ai conservé ce goût pour la prière, et je suis convaincue que cette facette de mon mode de vie m'est bénéfique. Je ne rate aucune occasion de prier. Par exemple, si je vois un accident sur la route, je prie tout de suite pour les personnes qui risquent d'avoir été blessées. Lorsque je vois des merveilles de la nature, je m'empresse aussitôt de remercier pour ces bienfaits. Si je constate qu'une personne est en difficulté, j'essaie de lui transmettre de bonnes pensées en priant pour elle.

En général, je ne prie pas avec des formules toutes faites. Il y a cependant une exception à ceci et c'est la prière que j'ai apprise il y a longtemps et que je n'ai jamais oubliée : le Notre Père. Plus jeune, je récitais cette prière par cœur sans trop réfléchir aux paroles que je prononçais. Plus tard, lorsque j'ai commencé à faire une démarche spirituelle adulte, j'ai réalisé à quel point le Notre Père était une prière complète et profonde. Cette prière exprime d'abord un grand acte de foi, mais aussi un acte d'espérance et un acte de charité envers soi-même et envers les autres. Les paroles «Que ta volonté soit faite», prononcées avec la pleine conscience de ce que l'on dit, peuvent avoir des répercussions incroyables sur l'âme, et apaiser un mental inquiet.

J'aime aussi prier avant un bon repas. Je ne le fais pas toujours, mais chaque fois qu'il m'arrive d'y penser, je me sens vraiment bien. Une prière que j'aime particulièrement, c'est la suivante, d'Abd-ru-shin, tirée de *Prières données aux hommes*.

> *Seigneur, Toi dont la grâce nous donne*
> *Dans l'activité de la Création*
> *Une table toujours servie*
> *Nous te remercions de ta bonté. Amen*

Prier avant de s'endormir est aussi une très bonne habitude à prendre. On pourrait même penser que, d'une certaine façon, les programmations du subconscient sont une forme de prière, car elles impliquent souvent le désir d'être meilleur et d'accomplir sa mission sur terre. Si on regarde la vie et ses événements avec le regard de l'âme, ce regard peut devenir prière.

Écouter de la musique qui fait du bien à l'âme.

Des goûts et des couleurs, il paraît qu'on ne discute pas. Quant à la musique qui peut être belle et bonne pour l'âme, elle a pris, au fil de l'évolution de l'humanité, tellement de formes et de genres que nous n'avons que l'embarras du choix pour nous régaler. Toutes les époques ont leur trésors musicaux, et chacun de nous peut y avoir accès.

Mais comment s'y retrouver à travers tant de choix et de possibilités? Certains ont la chance d'avoir des parents amateurs de belle musique qui leur font découvrir très jeunes ces trésors de toutes les époques. D'autres sont portés vers la belle musique naturellement, ou à la suite d'une formation qu'ils ont reçue au cours de leurs études.

Ayant moi-même reçu une formation en piano dès mon jeune âge, j'ai commencé à apprécier la belle musique très tôt. Mais je ne suis pas une experte en la matière, loin de là, car je suis un peu paresseuse en ce qui concerne l'identification des pièces que j'aime et qui me touchent. Combien de fois m'est-il arrivé d'entendre quelque chose et de me dire : «Ah, comme c'est beau», sans toutefois m'informer du titre exact de la pièce ou de son compositeur.

Par contre, au fil des années et grâce aux personnes que j'ai côtoyées, j'ai appris à reconnaître et à mieux identifier les genres musicaux et les pièces elles-mêmes. Je me suis également rendu compte que certaines pièces avaient sur les gens le même effet qu'un beau coucher de soleil, c'est-à-dire qu'elles provoquaient, chez presque tous ceux qui les entendaient, un sentiment d'admiration et une sensation de bien-être.

Je vous ai donc préparé un aide-mémoire de quelques-unes de ces pièces. Les mélomanes les connaissent très certainement, mais si, comme c'était mon cas, vous retenez mal le nom des pièces, cette liste vous aidera, chez le disquaire, à trouver ces musiques qui font du bien à l'âme. Je vous suggère de réunir vos pièces préférées sur des cassettes, comme je le fais moi-même depuis des années. Vous pourrez ensuite les écouter pour méditer ou vous détendre.

Comme je viens de le mentionner, ces pièces plaisent à presque tout le monde, mais c'est évident qu'il peut y avoir des exceptions. Ne m'en veuillez donc pas si vous n'accrochez pas à quelques-unes de ces pièces, mais je vous assure que la majorité d'entre elles ont des effets thérapeutiques à peu près certains. J'ai constitué la liste à partir de mes goûts personnels, mais aussi en tenant compte de commentaires fréquemment entendus.

Vous constaterez que la plupart des pièces musicales proviennent des répertoires classique ou romantique, et que peu d'entre elles sont contemporaines. Ce n'est pas parce que ces dernières sont moins bonnes pour l'âme, c'est tout simplement parce que je connais davantage les autres pour les avoir écoutées maintes et maintes fois sans jamais m'en lasser. Voici donc ces pièces et leur compositeur, ou, dans le cas de certaines chansons, leur interprète.

Albinoni, A*dagio*; Allegri, *Miserere*; Bach, *Jésus, que ma joie demeure* (*Jesu, Joy of Man's Desiring*), *Toccate et fugue, Prélude pour piano* nº 1 (premier livre du *Clavier bien tempéré*), *Concerto brandebourgeois nº 2 en fa majeur, Air* (deuxième mouvement de l'ouverture en *ré* majeur), *Concertos pour violon, Messes*; Beethoven, *Sonate à la lune* opus 27 nº 2, *Für Elise, Concerto de l'Empereur*; Bizet, *Menuet* (*L'Arlésienne,* opus 23 nº 2), *Intermezzo* (*Carmen,* suite nº 1); Boieldieu, *Concerto en do pour harpe et orchestre*; Brahms, *Valse en la mineur, Berceuse*; Chopin, *Nocturne* nº 2 opus 9, *Valse* nº 7 opus 64, *Préludes*; Fauré, *Romance sans paroles, Requiem* opus 48; Gounod, *Ave Maria*; Haendel, *Largo* de *Xerxès, Halleluja* du *Messie, Ode à sainte Cécile*; Massenet, *Méditation de Thaïs*; Mendelssohn, *Romances sans paroles pour piano*; Mozart, *Adagio* du *Concerto pour violon* nº 3 k.216, *Concerto pour piano* nº 21 k.467 (thème du film *Elvira Madigan*), *Concertos pour flûte* nos 1 et 2, *Sonate pour piano* k.545, *Laudate Dominum* (*Vêpres d'un confesseur*) k.339, *Alleluia* (*Exsultate jubilate*) k.165, *Requiem, Petite musique de nuit*; Offenbach, *Barcarolle* (*Les Contes d'Hoffmann*); Pachelbel, *Canon et gigue en ré*; Pergolese, *Stabat mater*; Schubert, *Ave Maria, La Truite* (quintette opus 114), *Impromptu nº 3 pour piano*; Schumann, *Album pour les jeunes, Les Scènes de la forêt*; Verdi, *Nabucco* (opéra); Villa-Lobos, *Aria* des *Bachianas Brasileiras*; Vivaldi, *Les Quatre Saisons* opus 8 nos 1 à 4, *Largo* du *Concerto nº 2 pour flûte en do* RV443.

Comptines pour enfants, *Au clair de la lune, Frère Jacques...*; Céline Dion, *La mémoire d'Abraham*; Yves

Duteil, toutes ses chansons; Enya, *Marble Halls*; André Gagnon, *Un piano sur la mer*; James Galway, *Song of the seashore and other Japanese melodies*; J. C. Mara, *La Création*; Loreena McKennitt, *Greensleeves*; Nana Mouskouri, *Mon Dieu* (Rossini), *Dis la nostalgie* (Brahms), *Voi che sapete* (Mozart), *Song for Liberty* (Verdi); Marie Denise Pelletier, *Quand les hommes vivront d'amour, Manquer d'amour*; Gheorghe Zamfir, *Messe pour la paix*.

Entretenir un contact heureux avec la nature.

À mon avis, la personne la plus incroyante et avec le moins de conviction spirituelle devrait commencer sa cure de bien-être de l'âme en prenant un bain de nature. Comment l'âme la plus fermée pourrait-elle demeurer insensible et s'empêcher de vibrer devant les merveilles de la nature? Ces merveilles quotidiennes se retrouvent en variétés sans nombre tout autour de nous.

Personnellement, je raffole des marches en forêt et de la nage dans une eau naturelle, comme celle d'un lac. Ces activités représentent, pour moi, un temps de méditation et de calme que je ne peux trouver ailleurs.

J'aime aussi contempler le ciel, de jour pour les nuages, toujours différents par leurs couleurs et leurs formes, et de soir pour la Lune et les étoiles que je ne me lasse jamais d'observer. Mon ex-conjoint pouvait bien dire que je n'ai pas tout à fait les pieds sur terre, tant le ciel m'attire et m'a toujours attirée. J'ai toujours apprécié la belle histoire de Thérèse de l'Enfant-Jésus qui se promenait avec son père en contemplant le ciel étoilé. Tout à coup, elle vit la constellation qui forme un «T» et dit à son père : «Regarde, papa, mon nom est écrit dans le ciel.»

Je vous ai déjà parlé des animaux comme source de sagesse et de thérapie dans notre vie. Mais ces créatures de Dieu sont aussi un ravissement pour le cœur et l'âme, tant par leur aspect extérieur que par leurs activités animales. Nous ne pouvons évidemment pas avoir accès à toutes les espèces dans notre environnement. Mais par le biais de la télévision elles entrent chez nous. C'est ainsi que, au cours des deux dernières années, j'ai éprouvé un réel plaisir à découvrir le monde merveilleux d'animaux de toutes sortes. Prendre soin d'un animal de compagnie ou nourrir les oiseaux en hiver apporte beaucoup à l'âme. Vous verrez souvent un être endurci modifier son comportement, au fil des jours, après l'acquisition d'un chat, d'un chien ou même d'un simple petit poisson rouge.

Le jardinage intérieur ou extérieur est aussi une excellente source de méditation et de bien-être pour l'âme. Les plantes et les fleurs laissent rarement indifférent et créent une ambiance chaleureuse dans une maison. Et les arrangements de fleurs séchées peuvent être une solution de rechange pour qui prétend ne pas avoir le pouce vert.

Le contact avec la nature implique aussi l'observation des différentes saisons, des vents, de la pluie et du beau temps comme source de sagesse et de perception de notre propre évolution.

Le merveilleux monde des animaux et de la faune aquatique, la mort des feuilles à l'automne et leur renaissance au printemps, le magnifique arc-en-ciel après un gros orage, les pommiers en fleurs, les petits fruits sauvages, les bonnes odeurs de la forêt mouillée de pluie, les arbres majestueux, les cascades d'eau en montagne, toutes les pierres et les minéraux, sans lesquels notre monde serait si différent, sont autant d'éléments que la nature nous livre gratuitement et qui réconfortent notre âme pour autant que l'on accepte de s'ouvrir à elle.

Lire régulièrement des textes sacrés.

La lecture de la Bible a toujours été souhaitable pour celui ou celle qui recherche le bien-être de l'âme. Mais il n'y a pas que la Bible pour remplir cette tâche. D'autres écrits très profonds, dont les auteurs ont été inspirés, peuvent contribuer à aider une personne à approfondir le sens de la vie et à trouver des réponses à toutes ses questions existentielles, telles que : «D'où est-ce que je viens?» «Qu'est-ce que je fais sur terre?» et «Où est-ce que je m'en irai après la mort?»

De nombreux sujets, tels le libre arbitre, le destin, la présence de prophètes sur terre tout au long de l'histoire de l'humanité, les lois de la Création, le karma, la justice, la paix et la guerre, la fatalité, la maladie, et bien d'autres encore, suscitent aussi un questionnement de la part des êtres humains qui cherchent sérieusement à comprendre le sens de l'évolution et à trouver leur «légende personnelle».

Cependant, la prolifération des sectes et des gourous, de même que tous les événements sordides qu'ils ont provoqués, a créé une grande méfiance chez les chercheurs sérieux en ce domaine. Cela n'est pas étonnant. Par ailleurs, l'emprise qu'ont eu certaines religions sur les êtres humains en essayant, par la peur et les menaces, d'entraver leur libre arbitre a également nourri cette méfiance et a créé chez plusieurs personnes une certaine aversion et parfois même une répulsion pour toutes formes de littérature spirituelle.

Certains ont finalement abdiqué en décrétant que tout allait dans le même sac et n'était qu'une immense supercherie. Cette attitude est non seulement négative, mais elle cause un préjudice à ceux-là mêmes qui se privent de tout contact avec ces textes à caractère spirituel.

La meilleure attitude à adopter serait de conserver une grande vigilance sans pour autant cultiver la méfiance et la peur au sujet des œuvres de l'âme. Il s'agit, comme toujours, de se fier à sa propre intuition et de «sentir» si les propos d'une œuvre nous conviennent ou ne nous conviennent pas. C'est avec plaisir que je donne le titre des œuvres qui me rejoignent particulièrement, mais je préfère que les personnes à qui je donne le goût ou l'inspiration de lire une œuvre en particulier s'en fassent leur propre idée.

Comme je le mentionnais précédemment dans ce chapitre, la conviction ne vient que de l'expérience vécue. Par conséquent, chaque lecteur doit confronter son propre vécu à la Parole proposée et décider, par son libre arbitre, si cette Parole est synonyme, pour lui, de vérité.

Malgré le nombre volumineux de livres de toutes sortes sur les rayons de ma bibliothèque, j'ai constaté, au fil des ans, que peu d'entre eux constituent vraiment des livres de chevet, des livres que je relis avec beaucoup d'intérêt, par plaisir d'abord, mais aussi pour me rendre compte de ma propre évolution à leur contact. Ces livres m'inspirent et participent très certainement au bien-être de mon âme.

Voici donc les huit œuvres que je relis depuis plusieurs années et dans lesquelles je puise des trésors inestimables. Le dernier ouvrage, *Le Seigneur des anneaux,* peut sembler plus fantaisiste et d'un ordre différent, mais en raison des grandes leçons de vie qu'il recèle, je n'hésite pas à le faire côtoyer les autres. Puissent ces lectures vous inonder de Lumière.

Abd-ru-shin, *Dans la lumière de la vérité : Message du Graal*; la Bible, *L'Ancien et le Nouveau Testament*; Davy, Marie-Madeleine, *L'Homme intérieur et ses métamorphoses*; Del Vasto, Lanza, *Approches de la vie intérieure*; Emmanuel, R., *Réconciliation avec la vie*; Slaughter, Frank G., *Pas à pas avec Jésus*; Thérèse de l'Enfant-Jésus, *Manuscrits autobiographiques*; Tolkien, J. R. R., *Le Seigneur des anneaux.*

Écouter le silence.

«Gardez pur le foyer de vos pensées, puis employez avant tout l'immense puissance du silence si vous souhaitez progresser vers les hauteurs.»

C'est notamment en ces termes que l'auteur du *Message du Graal,* Abd-ru-shin, nous exhorte au silence. Il nous explique aussi que nos pensées gagnent en force si nous les gardons silencieuses.

Je vous ai déjà fait part des commentaires de mon ex-conjoint sur l'aspect «verbo-moteur» de ma personnalité. Je dois cependant préciser que je n'ai pas toujours été ainsi. En effet, au tout début de mon adolescence, j'étais très timide et incapable de parler en public. Ce n'est qu'après avoir appris à utiliser mon subconscient de façon volontaire que j'ai enfin été capable de vaincre cette timidité et de m'exprimer librement en public et en privé. Étant la plus jeune d'une famille nombreuse, j'avais probablement eu du mal à faire ma place parmi mes huit frères et sœurs, tous très brillants et très volubiles.

Vivant seule depuis deux ans, je n'ai pas vraiment eu le choix d'expérimenter le silence, pendant plusieurs heures et, à l'occasion, plusieurs jours. Je marche beaucoup à l'extérieur et je vis dans un endroit passablement isolé, en montagne. J'ai encore probablement tendance, lorsque je suis en présence d'un ami ou même lorsque je travaille à mon bureau, à parler beaucoup. Par ailleurs, lorsque je décide de m'asseoir sur mon rocher préféré, tôt le matin, le soleil à peine levé, je peux vous assurer que les bienfaits du silence m'énergisent et m'apportent une grande sérénité.

De même, je n'écoute pas la télévision à l'heure des repas. Je m'entoure de silence ou, tout au plus, je fais jouer une musique de fond très douce. C'est une question d'habitude.

Certaines personnes se fatiguent mentalement et physiquement par le bruit sans même sans rendre compte. Ce n'est pas à tort qu'on parle si souvent, depuis quelques années, de la pollution par le bruit. Le bruit, c'est l'envers du silence. Il nous étourdit, rend nos nerfs à fleur de peau et nous empêche très souvent d'entrer en contact avec le plus profond de notre être.

Un moment idéal pour écouter le silence, c'est le temps qu'on s'accorde pour prendre un bon bain, avec des huiles essentielles et une chandelle. Ou encore, au coucher, quelques minutes avant de s'endormir.

«Dans le silence et la solitude, on n'entend plus que l'essentiel», a écrit Camille Belguise, dans *Échos du silence*. En lisant cette belle phrase, je n'ai pu m'empêcher de penser au Petit Prince de Saint-Exupéry, qui énonce cette grande vérité : «L'essentiel est invisible pour les yeux.» L'essentiel ne serait-il donc pas tout autant «invisible» pour les oreilles ? Voir et entendre avec son âme, voilà la voie spirituelle.

Le mot de la fin

La mesure de l'amour,
c'est d'aimer sans mesure.

SAINT AUGUSTIN.

AU TOUT DÉBUT de mon adolescence, après avoir vécu une enfance malheureuse, je me suis mise en quête du bonheur. Cette recherche incessante s'avérait toujours vaine et décevante. À l'aube de la trentaine, une révélation troublante changea cependant le cours de mon existence : on ne trouve pas le bonheur, on le fabrique, et, finalement, c'est lui qui nous trouve.

D'abord par la découverte de l'utilisation volontaire du subconscient et ensuite par la pratique de la pensée positive, j'ai enfin cessé de chercher le bonheur pour laisser le bonheur me rejoindre.

Malgré les épreuves inévitables et les difficultés passagères, le bonheur n'a jamais cessé d'être présent dans ma vie depuis presque vingt ans déjà. Il a pris des formes très diverses que je n'aurais même pas imaginées.

Par le privilège que j'ai de vivre une relation exigeante mais intense avec Serge-André, mon âme sœur d'évolution spirituelle, par l'amitié fidèle de mon frère Louis, et celle de mes éditeurs, Carole et André, par la présence de mes copines Luce, Ginette, Suzanne, Louise, Diane et Mireille, par des rencontres stimulantes, comme celles de Claudia et de Jean-Marc, par la chance que j'ai d'occuper un emploi intéressant, par la découverte sans cesse renouvelée de la musique sous toutes ses formes, par un contact toujours grandissant avec les animaux, les fleurs, les plantes, les arbres et toute la nature qui m'entoure, par cette belle énergie physique et mentale dont je profite pleinement, le bonheur me parle chaque jour et rend ma vie magique.

Le bonheur a également su me trouver en me permettant, grâce à la publication de mon premier livre, de reprendre contact avec une personne que j'avais perdue de vue. Cette personne, Georges Labbé, m'a apporté un trésor inestimable, le *Message du Graal,* une œuvre littéraire qui a comblé ma soif de connaissance sur les grandes questions existentielles. Encore une fois, la magie était au rendez-vous.

Cette magie ne tient, à mon avis, qu'à un seul mot, le mot de la fin. Ce mot, vous l'avez sans doute deviné en lisant ce livre, c'est tout simplement le mot «amour».

L'amour a été, est et sera toujours le carburant qui me permet d'avancer sur la route du bonheur et de la sérénité. Je peux très certainement affirmer que je suis maintenant libérée de la dépendance affective, mais, à l'instar de la petite Thérèse Martin, mieux connue sous le nom de sainte Thérèse de l'Enfant-Jésus, je continue chaque jour de cultiver un désir passionnant :

Aimer, être aimée et faire aimer l'amour!

Les aide-mémoire
des jours heureux

Petits bonheurs quotidiens

❖ En se levant, le matin, faire une prière de gratitude parce qu'on est encore en vie et qu'une autre journée nous est donnée pour évoluer.

❖ Se regarder dans le miroir, se sourire et se dire : «Je t'aime et tu es la personne la plus importante pour moi.»

❖ Marcher dehors, au grand air, au moins quinze minutes en se répétant une pensée positive (genre de mantra).

❖ Chaque fois que l'on ressent du stress ou de la nervosité, inspirer profondément en comptant jusqu'à trois et en imaginant que l'on inhale du positif, retenir son souffle en comptant jusqu'à trois en pensant que l'on garde en soi le positif, puis expirer en comptant jusqu'à trois en se disant que l'on sort de soi tout le négatif.

❖ Avoir la préoccupation quotidienne d'une bonne hygiène corporelle et d'une alimentation adéquate.

❖ Écouter de la musique, chanter et danser au moins une fois par jour.

❖ Tenir un agenda et une liste des courses à faire, et les consulter quotidiennement.

❖ Faire et recevoir une caresse (avec un conjoint, un enfant, un parent, un ami ou un animal de compagnie).

❖ Rendre quelqu'un heureux par une parole, un geste ou un sourire.

❖ Parler distinctement, avec une voix heureuse, et saisir toutes les occasions qui se présentent pour rire.

❖ S'aménager un environnement qui nous ressemble et qui nous fait du bien.

❖ Prévoir au moins dix minutes par jour pour être en contact avec la nature.

❖ Laisser la fantaisie et la créativité entrer dans sa vie.

❖ Prendre l'habitude de lire au moins quelques pages chaque jour.

❖ Avoir recours à la programmation du subconscient et à la visualisation créatrice au moins une fois par jour.

Apprivoiser la souffrance

❖ Travailler sur la respiration pour dénouer les nœuds.

❖ Rester seul le plus longtemps possible tout en ayant la possibilité d'être en contact avec un réseau de soutien en cas de besoin.

❖ En cas de rupture, couper tout contact avec la personne de qui on se sent rejeté et renouer avec son enfant intérieur.

❖ Lire des textes sur le sujet et écrire ce que l'on ressent ainsi que nos prises de conscience.

❖ Faire un effort pour constater ses principales ressources et pour travailler sur l'estime de soi.

❖ Pleurer abondamment, exprimer sa colère ou toute autre émotion ressentie au cours du processus d'accueil de la souffrance.

❖ Écouter des cassettes avant de s'endormir.

❖ Prendre conscience de ses progrès.

Petits bonheurs pour nos enfants

❖ Leur dire et leur écrire le plus souvent possible «Je t'aime».

❖ Leur faire souvent de grosses caresses.

❖ Les bercer le plus longtemps possible.

❖ Valoriser leurs qualités et leurs points forts.

❖ Les emmener visiter leurs grands-parents, leurs oncles, tantes, cousins et cousines.

❖ Les aider à mieux aimer les gens et à accepter les différences sans aucune forme de préjugés.

❖ Faire des activités pour développer l'humour, la curiosité, l'imagination et la fantaisie.

❖ Les écouter et répondre à leurs questions.

❖ Faire le plus grand nombre d'activités de loisir avec eux.

❖ Leur apprendre à observer le ciel et toutes les autres merveilles de la nature.

❖ Leur montrer à prier et à avoir confiance dans les forces universelles (leur expliquer les grandes lois de la Création).

❖ Leur montrer à se servir de toutes leurs facultés, y compris leur subconscient.

❖ Leur donner la chance d'avoir un animal de compagnie.

❖ Les inscrire à des cours.

❖ Leur apprendre à travailler manuellement (art culinaire, entretien de la maison, tricot, couture, bricolage).

❖ Leur confier des tâches, des responsabilités à la maison.

❖ Les emmener à la cabane à sucre.

❖ Les emmener occasionnellement à son lieu de travail.

❖ Les emmener au restaurant.

❖ Faire du camping avec eux.

❖ Les aider à faire leurs devoirs et leurs leçons.

❖ Les emmener magasiner et prendre le temps de les aider à faire leur choix.

❖ Organiser des fêtes d'enfants.

❖ Décorer la maison lors de fêtes (Noël, Halloween, Pâques…).

❖ Leur raconter des histoires ou leur lire des contes.

❖ Faire du vélo avec eux.

❖ Les présenter aux visiteurs.

❖ Jouer avec eux à des jeux de société.

❖ Leur permettre de participer à des camps d'été.

❖ Chanter et danser avec eux.

❖ Jouer à la marelle, aux billes et à la corde à danser avec eux.

❖ Participer aux activités pour les parents organisées par l'école.

❖ Leur permettre de porter nos bijoux de moindre valeur ou de se déguiser avec certains de nos vêtements.

❖ Faire du théâtre en jouant des personnages ou en utilisant des marionnettes.

❖ Inviter leurs amis à dîner, à souper ou à coucher.

❖ Leur écrire de petits messages secrets.

❖ Les emmener au cinéma.

❖ Leur trouver une gardienne de soir qu'ils aiment.

❖ Les emmener en voyage.

❖ Leur apprendre le nom des animaux, des fleurs, des arbres, des plantes.

❖ Laisser à leur disposition des dictionnaires et les consulter fréquemment avec eux pour les habituer à bien comprendre et à bien utiliser les mots.

❖ Consulter des encyclopédies avec eux.

❖ Leur apprendre la géographie en regardant des livres sur les différents pays et des cartes géographiques.

❖ Les faire participer à des projets (vacances, voyages, décoration de la maison, de leur chambre ou de la salle de jeux, aménagement du terrain).

❖ Démythifier les rôles.

❖ Leur raconter des histoires de famille ou la façon dont leurs parents se sont connus.

❖ Leur montrer à se servir de l'ordinateur.

❖ Les emmener à la bibliothèque, au concert, au spectacle, au musée, à l'aquarium, au zoo, au cirque.

❖ Organiser avec eux des activités familiales (pique-niques, sorties en vélo...).

❖ Assister le plus souvent possible aux exercices et aux compétitions des sports ou des activités artistiques qu'ils pratiquent.

Petits bonheurs hebdomadaires

❖ Parler à ses plantes et les arroser.

❖ Remplir les mangeoires des oiseaux.

❖ Faire l'épicerie calmement, avec le sourire et avec une liste.

❖ Surveiller les spéciaux dans les épiceries et les pharmacies.

❖ Écouter un bon film à la télé ou sur vidéo.

❖ Prendre un bon bain, avec des huiles essentielles, une bougie et une musique douce.

❖ Téléphoner à un parent ou à un ami.

❖ Mettre au recyclage le papier et les objets recyclables.

❖ Faire le ménage sans rouspéter et en considérant cette activité comme un «joyeux labeur» qui rendra notre intérieur beau et confortable.

❖ Lire au moins une page d'un texte sacré, comme la Bible ou un ouvrage semblable.

❖ Entretenir ses ongles.

❖ Emmener son chien au parc ou en forêt.

❖ Aller à la piscine ou pratiquer un sport dans un centre.

❖ Se préparer un bon repas avec un vin de choix.

❖ Investir un dollar dans l'achat d'un billet de loterie pour le plaisir de rêver.

Petits bonheurs mensuels

❖ Aller au cinéma.

❖ Aller bruncher au restaurant.

❖ Se faire une bonne fondue chinoise.

❖ Terminer la lecture d'un bon livre.

❖ Faire le tour de la maison et jeter les choses inutiles.

❖ Faire le tour de la maison et s'assurer que les fenêtres sont propres pour bien laisser entrer la lumière.

❖ Nettoyer le réfrigérateur et le garde-manger, et jeter tout ce qui est périmé.

❖ Ranger la pharmacie et jeter tout ce qui est périmé.

❖ Ranger la bibliothèque, les disques et les cassettes.

❖ Faire de nouvelles programmations du subconscient pour le mois suivant.

❖ Jouer à un jeu de société.

❖ Consulter son carnet des anniversaires et acheter des cartes de souhaits.

❖ Faire un gâteau aux bananes, des biscuits ou des muffins maison.

❖ Préparer une bonne quantité de sauce à spaghetti et mettre en pots, au congélateur.

❖ Prendre toute une journée de congé pour faire quelque chose que l'on aime sans être dérangé par personne.

Petits bonheurs annuels

❖ Se fixer au moins cinq buts à réaliser au cours de l'année.

❖ Faire le bilan de l'année précédente.

❖ Prendre une semaine de vacances à l'extérieur de la maison.

❖ Souligner son anniversaire de naissance en se faisant plaisir.

❖ Se faire donner un massage par un professionnel.

❖ Visiter un salon du livre.

❖ Aller chez le coiffeur.

❖ Faire toiletter son chien ou son chat.

❖ Apprendre un texte par cœur.

❖ Apprendre au moins trois histoires drôles.

❖ Visiter un musée ou un site historique de sa région.

❖ Mettre à jour son carnet d'adresses et de numéros de téléphone.

❖ Organiser une fête avec toute la famille.

❖ Donner du sang à la Croix-Rouge.

❖ Rendre visite à une personne âgée dans un foyer.

❖ Laver et faire sécher ses draps et son couvre-lit à l'extérieur sur une corde à linge.

❖ Donner les vêtements que l'on ne porte plus à des organismes qui les recyclent.

❖ Penser à un point faible sur lequel on veut travailler au cours de l'année pour s'améliorer.

❖ Écrire une qualité que l'on aime en soi et que l'on veut exploiter au cours de l'année.

❖ Aller visiter une exposition.

❖ Aller danser dans un endroit romantique.

❖ S'acheter un grand parfum ou une eau de toilette de qualité.

❖ S'acheter un beau vêtement.

❖ Faire du bénévolat une fois dans l'année.

❖ Visiter une pouponnière.

Rêves et projets à accomplir au cours d'une vie

❖ Se rendre au bord de la mer.

❖ Apprendre une langue seconde.

❖ Apprendre à se servir d'un ordinateur et à communiquer par Internet.

❖ Apprendre à jouer d'un instrument de musique ou suivre un cours de chant.

❖ Avoir au moins une fois un animal de compagnie.

❖ Visiter un aquarium.

❖ Visiter un zoo.

❖ Prendre l'avion.

❖ Faire une thérapie de croissance personnelle.

❖ Écrire ses rêves pendant au moins six mois.

❖ Suivre un cours de danse.

❖ Se procurer un appareil photo et photographier ce qu'on aime le plus.

❖ Prendre un bain de minuit.

❖ Faire du pain maison et le manger chaud.

❖ Tenir un journal pendant au moins un an.

❖ Apprendre à conduire une automobile.

❖ Apprendre à nager.

❖ Suivre un cours de dessin ou de peinture.

❖ Se faire photographier par un photographe professionnel.

❖ Enregistrer sa voix et l'écouter.

❖ Faire un voyage seul avec soi-même.

❖ Apprendre la méditation et la relaxation.

❖ Planter un arbre et se faire un jardin.

❖ Faire un montage ou un album avec des photos que l'on a prises soi-même.

❖ Faire agrandir et laminer une photo que l'on aime particulièrement.

❖ Assister à une représentation des Ice Capades ou de tout autre groupe de professionnels en patinage artistique.

❖ Aller voir un cirque professionnel.

❖ Assister à un opéra.

❖ Assister à un ballet (*Casse-Noisette, Le Lac des cygnes…*).

❖ Être le parrain ou la marraine d'un enfant et s'occuper vraiment de cet enfant.

❖ Se faire un cadeau d'enfant que l'on a toujours désiré quand on était jeune mais qui ne nous a jamais été offert.

❖ Correspondre avec une personne d'un autre pays.

❖ S'ils sont encore vivants, aller voir ses parents pour leur dire sincèrement qui l'on est.

❖ Se donner un défi spécial, comme escalader un glacier, et atteindre l'objectif fixé.

❖ Trouver sa voie sur le plan spirituel.

De la musique qui fait du bien à l'âme

Albinoni	*Adagio*
Allegri	*Miserere*
Bach	*Jésus, que ma joie demeure (Jesu, Joy of Man's Desiring)*
	Toccate et fugue
	Prélude pour piano n° 1 (premier livre du *Clavier bien tempéré*)
	Concerto brandebourgeois n° 2 en fa majeur
	Air (deuxième mouvement de l'ouverture en *ré* majeur)
	Concertos pour violon
	Messes
Beethoven	*Sonate à la lune* opus 27 n° 2
	Für Elise
	Concerto de l'Empereur
Bizet	*Menuet* (*L'Arlésienne*, opus 23 n° 2)
	Intermezzo (*Carmen*, suite n° 1)
Boieldieu	*Concerto en do pour harpe et orchestre*
Brahms	*Valse en la mineur*
	Berceuse
Chopin	*Nocturne* n° 2 opus 9
	Valse n° 7 opus 64
	Préludes
Fauré	*Romance sans paroles*
	Requiem opus 48
Gounod	*Ave Maria*
Haendel	*Largo* de *Xerxès*
	Halleluja du *Messie*
	Ode à sainte Cécile

Massenet	*Méditation de Thaïs*
Mendelssohn	*Romances sans paroles pour piano*
Mozart	*Adagio* du *Concerto pour violon* n° 3 k.216
	Concerto pour piano n° 21 k.467 (thème du film *Elvira Madigan*)
	Concertos pour flûte n°s 1 et 2
	Sonate pour piano k.545
	Laudate Dominum (Vêpres d'un confesseur) k.339
	Alleluia (Exsultate jubilate) k.165
	Requiem
	Petite musique de nuit
Offenbach	*Barcarolle (Les Contes d'Hoffmann)*
Pachelbel	*Canon et gigue en ré*
Pergolese	*Stabat mater*
Schubert	*Ave Maria*
	La Truite (quintette opus 114)
	Impromptu n° 3 pour piano
Schumann	*Album pour les jeunes*
	Les Scènes de la forêt
Verdi	*Nabucco* (opéra)
Villa-Lobos	*Aria* des *Bachianas Brasileiras*
Vivaldi	*Les Quatre Saisons* opus 8 n°s 1 à 4

Comptines pour enfants	*Au clair de la lune, Frère Jacques…*
Céline Dion	*La mémoire d'Abraham*
Yves Duteil	Toutes ses chansons
Enya	*Marble Halls*

André Gagnon	*Un piano sur la mer*
James Galway	*Song of the seashore and other Japanese melodies*
J. C. Mara	*La Création*
Loreena McKennitt	*Greensleeves*
Nana Mouskouri	*Mon Dieu* (Rossini)
	Dis la nostalgie (Brahms)
	Voi che sapete (Mozart)
	Song for Liberty (Verdi)
Marie Denise Pelletier	*Quand les hommes vivront d'amour*
	Manquer d'amour
Gheorghe Zamfir	*Messe pour la paix*

Livres de chevet

Abd-ru-shin	*Dans la lumière de la vérité : Message du Graal*
La Bible	*L'Ancien et le Nouveau Testament*
Davy, Marie-Madeleine	*L'Homme intérieur et ses métamorphoses*
Del Vasto, Lanza	*Approches de la vie intérieure*
Emmanuel, R.	*Réconciliation avec la vie*
Slaughter, Frank G.	*Pas à pas avec Jésus*
Thérèse de l'Enfant-Jésus	*Manuscrits autobiographiques*
Tolkien, J. R. R.	*Le Seigneur des anneaux*

Mes petits bonheurs

BIBLOGRAPHIE

ABD-RU-SHIN. *Dans la lumière de la vérité : Message du Graal*, Strasbourg, Éditions françaises du Graal, 1955.

ABD-RU-SHIN. *Les Dix Commandements de Dieu : le Notre Père*, Strasbourg, Éditions françaises du Graal.

ABD-RU-SHIN. *Prières données aux hommes*, Strasbourg, Éditions françaises du Graal.

ALBERONI, Francesco. *Le Choc amoureux : recherches sur l'état naissant de l'amour*, Paris, Éditions Ramsay, 1981.

BACH, Richard. *Illusions : les aventures d'un Messie récalcitrant*, Paris, Éditions Flammarion, 1978.

BRADSHAW, John. *Retrouver l'enfant en soi : partez à la découverte de votre enfant intérieur*, Montréal, Éditions Le Jour, 1992.

BUSCAGLIA, Leo. *Living, Loving and Learning,* Fawcett Colombine.

COELHO, Paulo. *L'Alchimiste*, Paris, Éditions V.D.B., 1995.

DAVY, Marie-Madeleine. *L'Homme intérieur et ses métamorphoses*, Paris, Éditions de l'Épi, 1983.

DEL VASTO, Lanza. *Approches de la vie intérieure*, Paris, Éditions Denoël-Gonthier, 1982.

DUMAS, André. *L'Œuvre de Émile Coué*, Éditions Astra.

EMMANUEL, R. *Réconciliation avec la vie*, Paris, Éditions Dervy-Livres, 1976.

FINLEY, Guy. *Lâcher prise : la clé de la transformation intérieure*, Montréal, Éditions Le Jour, 1993.

HALPERN, Howard M. *Adieu : apprenez à rompre sans difficulté*, Montréal, Éditions Le Jour, 1983.

HUGO, Victor. *Les Contemplations*, Paris, Éditions Hachette.

JAMPOLSKY, Gérard. *N'enseignez que l'amour*, Éditions Vivez Soleil.

LABONTÉ, Marie-Lise. *Rencontre avec les anges*, Knowlton (Québec), Éditions Shanti, 1994.

LELEU, Gérard, *Le Traité des caresses*, Paris, Éditions Encre, 1983.

MILLMAN, Dan. *La Voie du guerrier pacifique : une pratique de chaque instant*, Saint-Léonard, Éditions du Roseau, 1994.

MONBOURQUETTE, Jean. *Aimer, perdre et grandir : l'art de transformer une perte en gain*, Saint-Jean-sur-Richelieu, Éditions du Richelieu, 1983.

NORWOOD, Robin. *Ces femmes qui aiment trop : la radioscopie des amours*, Montréal, Éditions Stanké, 1986.

PAUWELS, Louis. *L'Apprentissage de la sérénité*, Montréal, Éditions France-Québec, 1980.

PECK, Scott. *Le Chemin le moins fréquenté*, Paris, Éditions Robert Laffont, 1987.

PETIT, Karl. *Le Dictionnaire des citations du monde entier*, Verviers, Éditions Gérard, 1960.

RAINVILLE, Claudia. *Métamédecine : la guérison à votre portée*, Stoneham (Québec), Éditions F.R.J., 1995.

REDFIELD, James. *La Prophétie des Andes*, Paris, Éditions Robert Laffont, 1994.

SAINT-EXUPÉRY, Antoine de. *Le Petit Prince*, Paris, Éditions Gallimard, 1993.

SAINT-EXUPÉRY, Antoine de. *Terre des hommes*, Paris, Éditions Gallimard, 1981.

SLAUGHTER, Frank G. *Pas à pas avec Jésus*, Éditions Le Livre Contemporain.

SWEDENBORG, Emanuel. *L'Amour vraiment conjugal*, Éditions Paris.

THÉRÈSE DE L'ENFANT-JÉSUS. *Manuscrits autobiographiques*, Paris, Éditions du Seuil, 1995.

TOLKIEN, J. R. R. *Le Seigneur des anneaux*, Paris, Christian Bourgois, 1972.

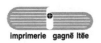

imprimerie gagné ltée

IMPRIMÉ AU CANADA